SAURES

Freddie Janssen

SAURES

Rezepte für Pickles, Kimchi,
Fermentiertes und mehr

Fotografiert von Helen Cathcart
Zeichnungen von Melina Bucholz

AT Verlag

BEISS ZU!

Inhalt

Faszination Einlegen

Immer wieder werde ich gefragt, was mich am Einlegen so fasziniert. Das bringt mich dann meist in leichte Verlegenheit, und ich beginne ausufernd zu erklären, wie es dazu kam, dass ich vor einigen Jahren damit angefangen habe, für »Supper Clubs« und Pop-up-Restaurants Pickles und Kimchi zuzubereiten, und dass ich von den köstlich-säuerlichen Aromen einfach nicht genug bekommen kann ...

Die Tatsache, dass ich in Holland aufgewachsen bin, spielt dabei natürlich auch eine Rolle. Meine Mutter, meine Schwester und ich holten früher jeden Freitagabend in einer Imbissbude Pommes mit Mayonnaise und dazu entweder ein »frikandel speciaal« (eine längs aufgeschnittene Wurst, gefüllt mit Currysauce, Mayonnaise und gehackten Zwiebeln) oder ein »satekroket« (eine mit Satay-Sauce gefüllte Krokette). Und ich bestand immer darauf, dazu Amsterdamer Zwiebeln - die bekannten sauer eingelegten Silberzwiebeln - aus dem großen Glas auf der Theke zu bekommen. Diese safrangelben, süßsauren Zwiebeln waren für mich das Köstlichste überhaupt; auf Seite 91 finden Sie meine eigene Variante dieser kleinen Wunderkugeln. In Erinnerung sind mir auch die absolut köstlichen großen, saftigen Dillgurken, die ich mit meiner Mutter in deutschen Kneipen gegessen habe. Die Spezialität meines Vaters war ein Gericht, das er »Papas Mischmasch« nannte, eine Kombination aus Resten von Bratkartoffeln, Gurken, eingelegten Zwiebeln und obendrauf ein Spiegelei. Zum Frühstück aßen meine Schwester und ich oft Brot, dick bestrichen mit »Heinz Sandwich Spread« (einer cremigen Variante von Senf-Pickles), aber mein absolutes Leib- und Magengericht war die »Choucroute Royale«-Version meiner Mutter: Sauerkraut mit Kartoffelpüree und dazu Würstchen, Speck, Blutwurst und gebackener Apfel, ein Gericht, auf das ich mich auch heute noch jedes Mal freue, wenn ich nach Hause fahre.

Mit siebzehn hatte ich meinen ersten Job in einem kleinen indonesischen Restaurant und lernte bei dieser Gelegenheit die holländisch-asiatischen Pickles namens »Achar« kennen (siehe Seite 47) - wunderbar knackige, süßsaure Pickles, die als Beilage zur indonesischen Reistafel gereicht wurden. Die verschiedenen Aromen, Farben, Schärfegrade und Texturen waren für mich exotischer und aufregender als alles, was ich je zuvor gekostet hatte. Später lernte ich eingelegte Salzheringe kennen, das probate Mittel bei morgendlichem Kater. Eingelegte und fermentierte Lebensmittel haben also einen großen Teil der Gerichte ausgemacht, mit denen ich aufgewachsen bin, und mittlerweile sind sie für mich ein Kernstück fast jeder Mahlzeit geworden.

2008 zog ich nach London, und irgendwann ging es weiter nach Singapur, Mexiko, Malaysia, Japan, Vietnam, in die USA, nach Australien und nach Südafrika. Unterwegs aß ich in unzähligen Restaurants und Marktbuden, und nach diesen Einblicken in so viele verschiedenartige Esskulturen hatte ich das Gefühl, es sei an der Zeit, meinen eigenen Weg einzuschlagen und all den Gerichten, die ich seit meiner Kindheit liebe, meinen persönlichen Stempel aufzudrücken.

Viele Menschen lassen sich vom Einmachen, Einlegen und Fermentieren allzusehr einschüchtern. Sie stellen sich vor, man müsse dafür viele Regeln und genaue Prozentzahlen kennen und beachten. Doch das ist gar nicht nötig. Genauso wenig braucht es dazu spezielle Gerätschaften; wahrscheinlich stehen in Ihrem Küchenschrank bereits so gut wie alle Dinge, die benötigt werden.

Bei der Mehrzahl der in diesem Buch vorgestellten Rezepte handelt es sich um Kühlschrank-Pickles. Ihre Zubereitung beruht darauf, dass man (vorwiegend) rohe, frische Zutaten in einer Lake auf der Basis von Essig, Zucker und Salz, zusätzlich häufig mit Gewürzen oder Kräutern verfeinert, einige Zeit ziehen lässt. Um es etwas wissenschaftlicher zu sagen: Das Salz entzieht den Lebensmitteln Wasser; die Folge ist, dass Bakterien keine Chance bekommen, sich zu entwickeln. Der Essig wiederum trägt durch seine Säure dazu bei, Obst und Gemüse knackig zu erhalten, indem das Wachstum schädlicher Bakterien gehemmt wird. Da Pickles weder gekocht werden noch fermentieren müssen, lassen sich so superschnelle knackige Köstlichkeiten zubereiten, zum Beispiel Eingelegte Nashi-Birnen (Seite 31), Rosmarin-Pflaumen-Pickles (Seite 36), Thai-Schalotten (Seite 19) oder Eingelegte Szechuan-Wassermelone (Seite 23). Daneben finden Sie in diesem Buch auch Rezepte für klassisch milchsauer eingelegtes, also fermentiertes Gemüse sowie einige Sorten von Kimchi.

Das Tolle am Einlegen ist, dass dabei aus eigentlich schlichten Zutaten – frisches Obst und Gemüse plus Essig, Salz oder Zucker – etwas ganz Außergewöhnliches entsteht. Man kombiniert die Zutaten und wartet einfach ab – mal ein paar Stunden, mal einige Monate –, bis sich das Wunder der Verwandlung vollzieht. Die Ergebnisse werden Ihre Geschmacksknospen zum Tanzen bringen.

Ein paar Pickles peppen mit ihrer knackigen Textur und ihrer säuerlichen Frische jede Mahlzeit auf. Versuchen Sie es mal mit gehackten Thai-Schalotten (Seite 19) zu einem Curry, einem Klecks Sesam-Kimchi (Seite 71) zu einem Käsesandwich (Seite 121), hausgemachter Sriracha-Sauce (Seite 86) zu einem Burger, oder präsentieren Sie Ihren Freunden eine gemischte Platte hausgemachter Pickles zu luftgetrocknetem Fleisch und reifem Käse (Seite 20). In Nullkommanichts wird man Sie zur »Pickles Queen« küren, denn bald werden Sie alles einlegen wollen, was Ihnen in die Finger kommt.

Wie ich zum Foodie wurde

Vier Jahre lang war ich als künstlerische Leiterin bei einer Londoner Werbeagentur tätig, eine Zeit, die mich mit einigen überaus interessanten Kunden zusammengebracht hat. Ein Highlight jener Jahre war die Zusammenarbeit mit Dante Gonzales, dem Gründer der unter dem Namen »Dante Fried Chicken« bekannt gewordenen Koch-Events in seinem Brooklyner Loft. Später kam ich durch meinen Job auch an Orte wie Miami, New York, Los Angeles und Boston, wo ich mit unglaublich kreativen und inspirierenden Teams zusammenarbeitete und, was noch wichtiger war, in diesen wahnwitzigen Städten oft auswärts essen und in verschiedene Esskulturen eintauchen konnte; das war letztendlich der Anstoß für mich, eine neue berufliche Laufbahn einzuschlagen.

Schon während meiner Zeit in der Werbewelt hatte ich mit dem Gedanken gespielt, im Food-Bereich tätig zu werden. Ich startete einen »Supper Club« namens F.A.T, benannt nach mir, **F**reddie, sowie meinen Freundinnen, der Künstlerin und Designerin **A**lice Waese und der Journalistin **T**erence Teh – beide leben heute in New York. Alle drei schwärmten wir für alles rund ums Essen und konnten stundenlang über Bücher und TV-Shows von Anthony Bourdain reden. Doch hätte jemand es gewagt, uns Foodies zu nennen, hätte er wohl böse Blicke geerntet, denn das waren wir natürlich nicht. (Ich denke mal, das waren wir absolut!) Anfangs veranstalteten wir Dinnerabende in der Galerie der Werbeagentur, woraus sich später »Supper Clubs«, Street Partys und Catering-Events entwickelten. Keine von uns hatte je in der Gastronomie gearbeitet, und auf einmal sahen wir uns in einem Raum hundert Menschen gegenüber, die zehn verschiedene Dinge aus einem Menü auswählten, das wir gerade erst zusammengestellt und noch nie zuvor zubereitet hatten. Das war Improvisation in Reinkultur. Aber gerade dieses Gefühl, Neuland zu betreten, zusammen mit guten Freundinnen mal etwas ganz anderes zu tun, etwas, an das wir glaubten, war der entscheidende Impuls, es zu tun. Und es ist genau die Begeisterung, die ich dabei verspürte – Menschen neue Speisen und ungewohnte Aromen vorzustellen und dadurch Spannung zu erzeugen und Neugier zu wecken –, die letztlich dazu führte, dass ich eine Laufbahn im Foodsektor einschlug.

Ich gab meinen Job in der Werbeagentur auf und wagte den Schritt in die große weite Welt der Gastronomie. Ich begann mit einem dreimonatigen Pop-up-Lunchangebot in einem Coffeeshop, der gleichzeitig auch Frisörladen war – einer dieser leicht skurrilen, aber coolen multifunktionalen Läden. Statt täglich zehn Stunden im Schnitt am Laptop zu sitzen, hetzte ich nun Tag für Tag durch die Stadt, zu verschiedenen Metzgern, Bäckern, Märkten, schrieb Speisekarten und kochte von morgens früh bis abends spät. Ich kannte niemanden im Gastrobereich, wusste nicht, wie ich an gute Obst- und Gemüselieferanten kommen sollte, und bestellte daher immer nur kleine Mengen bei unabhängigen Erzeugern, die ihre Ware nicht selbst anlieferten. Über meinen Freund James Lowe – heute Eigentümer, erster Küchenchef (und mein Chef) im »Lyle's«, einem Londoner Sternerestaurant – lernte ich Justin Gellatly kennen, den Gründer der »St. John Bakery« in London und Erfinder eines legendären Sauerteigbrots und einmaliger Doughnuts; er versorgte mich wöchentlich mit hausgemachtem Ketchup. Als ich gerade dabei war, meinen ersten Kunden zu bedienen, nahm er mich zur Seite und sagte mir, dass ich besser eine Schürze tragen sollte, wenn ich von irgendjemandem in der Gastronomie ernst genommen werden wollte. Doch mir schien, als würde ich dann versuchen, jemand zu sein, der ich nicht war, und so ignorierte ich seinen Rat und tauchte jeden Tag in irgendeiner witzig-schrägen Kleidung auf. Als dann irgendwann plötzlich Foodblogger und diverse Profiköche hereinschneiten, war der Moment gekommen, an dem ich dann doch eine Schürze anzog – und da war es passiert: Ich spürte, es war mir wirklich ernst.

Etwas später eröffneten Freunde von mir ihr erstes Restaurant und fragten mich, ob ich sie mit Pickles und Kimchi versorgen könnte. Eine andere Freundin fragte, ob ich nicht Lust hätte, einige meiner Pickles und Saucen in ihrem Laden zu verkaufen, was ich schließlich auch tat, nachdem ich mich so organisert hatte, dass ich alles ordentlich abfüllen und etikettieren konnte. Ich wollte, dass meine Produkte gut schmeckten, klar, gleichzeitig sollten sie aber auch gut aussehen. Ich konnte eben meine Marketing- und Werbevergangenheit nicht ganz verleugnen.

Inzwischen sind einige Jahre vergangen. Heute betreibe ich am Wochenende einen Stand auf dem fantastischen Markt in der Druid Street in South London, wo ich überbackene Käsesandwiches mit hausgemachten Pickles anbiete. Hauptberuflich kümmere ich mich um Marketing und PR für Restaurants. Niemals hätte ich mir vorstellen können, je ein Buch zu schreiben, aber wie es aussieht, liegt es jetzt tatsächlich vor Ihnen, und ich glaube, mit mehr Ernst kann man kaum an die Sache herangehen.

Wissenswertes

1 Der Begriff *Pickles,* die inzwischen nicht mehr nur im Englischen verbreitete Bezeichnung für in Lake Eingelegtes, leitet sich ab aus dem holländischen Wort *pekel,* was so viel bedeutet wie Salzlake, Pökellake.

2 Einlegen und Fermentieren sind zwar zurzeit besonders angesagt, beruhen aber beide auf einem eigentlich sehr alten Verfahren, das verschiedene Zwecke erfüllte: zur Konservierung von Nahrungsmitteln (bevor es Kühlschränke gab), zur Herstellung von Alkohol oder auch einfach nur zur Geschmacksverbesserung. Sie entwickelten sich aus dem Wunsch und der Notwendigkeit heraus, Produkte, die es zu bestimmten Zeiten im Jahr reichlich gab, auch im übrigen Jahr zur Verfügung zu haben.

3 Durch das Fermentieren von Lebensmitteln werden Mikroorganismen wie Bakterien und Hefen umgewandelt, ebenso die Enzyme, die sie produzieren. Fermentierte Lebensmittel sind sehr gesund und gut für die Darmflora. Der Verzehr von Kimchi und Sauerkraut ist für den menschlichen Organismus in seiner ganzen Komplexität überaus wohltuend.

4 Demgegenüber sind die industriell hergestellten, in Essiglake mit Zucker (Salz und Gewürzen) eingelegten Pickles nicht das Gesündeste. Wer jedoch seine Pickles selber zubereitet, hat es in der Hand, wie viel Zucker hineinkommt. Auf diese Weise weiß man, was man isst, was im Fall von Supermarktprodukten bei Weitem nicht immer der Fall ist.

5 Wir alle essen ständig fermentierte Lebensmittel: Sauerteigbrot, Oliven, Joghurt, Käse, Wein, Bier, Essig … die Liste ließe sich fast beliebig fortführen.

6 Wer eingehender in die Kunst des Fermentierens einsteigen möchte, findet verschiedene Bücher auf dem Markt, die sich speziell und vertieft mit diesem Thema befassen.

Einlegen versus Fermentieren

Worin liegt der Unterschied zwischen Einlegen und Fermentieren? Nicht alle Pickles sind fermentiert und nicht alle fermentierten Nahrungsmittel sind sauer eingelegt.

Kurz gesagt bedeutet Einlegen, dass Nahrungsmittel durch das Einlegen in eine saure Substanz – in der Regel Essig (der wiederum selbst das Ergebnis eines Fermentationsprozesses ist) – haltbar gemacht werden. Das ist eigentlich auch schon alles. Die rohen oder leicht gegarten Zutaten werden häufig mit einer heißen Lake übergossen, wodurch sich ihr Nährstoffgehalt verringert. Daher fehlt Pickles, im Unterschied zu fermentierten Lebensmitteln, der besondere probiotische Gesundheitskick.

Beim echten Fermentieren hingegen entstehen sogar neue Nährstoffe, darunter nützliche Bakterien, die dem Körper sehr gut tun. Mit etwas Salz, gefiltertem Wasser und manchmal einer Starterkultur kann Zucker in Säure umgewandelt werden. Dies gelingt aber nur in einer sauerstoffarmen Umgebung, weshalb oft spezielle Gärgefäße zum Einsatz kommen, in denen die jeweiligen Lebensmittel so gut wie möglich zusammengepresst werden können, um möglichst jegliche Lufteinschlüsse zu vermeiden. Während des Fermentiervorgangs bildet das Lebensmittel seine eigene Säure, genauer gesagt die Milchsäure, weshalb man diesen Vorgang auch als Milchsäuregärung bezeichnet. Während dieses Prozesses werden zunächst schädliche Bakterien abgetötet und dann Laktose und andere enthaltene Zuckerarten in Milchsäure umgewandelt, die zum einen für eine sichere Konservierung sorgt und zum anderen den schönen mild säuerlichen Geschmack hervorbringt. Beispiele sind Kimchi, Sauerkraut und Joghurt – allesamt nicht erhitzte probiotische Lebensmittel, die ihre eigene Säure erzeugen und sehr gesund für die Darmflora sind.

Durch die Fermentation wird das Wachstum schädlicher Mikroorganismen gestoppt (oder vermindert) und anschließend das Wachstum guter Bakterien, Pilze und Hefen gefördert. Im Grunde genommen ist ein fermentiertes Lebensmittel »lebendig«, denn die darin stattfindenden Vorgänge entwickeln sich mit der Zeit immer weiter. Dies sollten Sie bedenken, wenn Sie Kimchi und Sauerkraut lagern. Der Geschmack wird sich mit der Zeit verändern, und es liegt an Ihnen zu entscheiden, wann der richtige Zeitpunkt zum Verzehr ist – also testen und kosten Sie, bis Sie mit Geschmack und Textur zufrieden sind.

Tipps für ein gutes Gelingen

Frische Zutaten
Kaufen Sie die schönsten, frischesten saisonalen Produkte, die Sie finden können. Weiche, schlaff aussehende Gurken werden nach dem Einlegen nicht plötzlich knackig frisch und lecker schmecken. Saisonale Zutaten ergeben meist die beste Qualität. So werden Ihre Pickles großartig schmecken.

Knoblauch
Immer mit der Ruhe, wenn sich der Knoblauch in der Salzlake blau färbt. Das mag vielleicht nach einer gefährlichen chemischen Reaktion aussehen, bedeutet aber nur, dass der Knoblauch alt ist, und schadet den Pickles nicht.

Salz
Da Salz dem Gemüse oder den Früchten Wasser entzieht, entsteht ein Milieu, in dem unerwünschte oder schädliche Bakterien absterben und gute Bakterien gedeihen können. Es ist wichtig, anstelle von gewöhnlichem Tafelsalz hochwertiges naturbelassenes Salz ohne Zusätze zu verwenden, zum Beispiel Meer- oder Steinsalz. Tafelsalz enthält häufig Jod oder Rieselhilfen wie Calciumcarbonat, die zur Trübung der Salzlake führen und die nützlichen Bakterien während der Fermentation hemmen können.

Gewürze
Vermeiden Sie für Pickles gebrauchsfertige Gewürzmischungen. Es ist immer besser, mit einzelnen Gewürzen zu experimentieren und eigene hinzuzufügen. Falls Sie vermeiden möchten, dass die Gewürze frei in der Lake schwimmen und Sie sie vor dem Servieren einzeln herausfischen müssen, geben Sie die Gewürze in einen kleinen Musselin- oder Stoffbeutel und verschließen Sie diesen mit einem Faden.

Zucker
Zucker dient sowohl als Konservierungsstoff wie auch als Geschmacksverstärker. Bei der Zubereitung von Pickles hilft er außerdem, die Säure des Essigs auszugleichen. Gewöhnlicher, naturbelassener Rohzucker eignet sich hervorragend, man kann aber auch extrafeinen Zucker verwenden (er löst sich schneller auf). Ganz normaler weißer Haushaltszucker, wie man ihn in jeder Zuckerdose findet, ist natürlich ebenfalls völlig ausreichend.

Essig
Verwenden Sie keinen billigen Essig. Der Geschmack leidet darunter. Ich nehme Apfelessig, Rotweinessig, Weißweinessig und meinen persönlichen Favoriten, Reisessig. Da Reisessig einen geringeren Essigsäuregehalt besitzt, erfordert er ein längeres Einlegen der Zutaten. Das führt dazu, dass die Pickles weniger herb und weniger stark nach Essig schmecken. Die gewählte Essigsorte wirkt sich auch auf die Farbe und den Geschmack der Pickles aus.

Man kann natürlich auch seinen eigenen Essig herstellen, aber wer noch keine Erfahrung mit dem Einlegen hat, verwendet vermutlich lieber einen gebrauchsfertigen Essig. Wer etwas Neues ausprobieren möchte, kann einen aromatisierten Essig herstellen. Hierzu wird der Essig mit Zutaten wie zum Beispiel Perilla, Süßholz oder Holunderblüten angesetzt (siehe Seite 55). Eine Essiglake kann problemlos ein- oder zweimal wiederverwendet werden. Achten Sie jedoch darauf, dass sie den gewünschten und zu den Zutaten passenden Geschmack hat. Zur Wiederverwendung die Essiglake abseihen, erneut erhitzen, prüfen, ob sie süß, salzig und würzig genug ist, und dann über das Gemüse gießen.

Zur Ausrüstung (und wie wenig davon benötigt wird)

Zum Abmessen
Es lohnt sich, sich ein wirklich hochwertiges Set zum Abmessen der Zutaten – Messbecher, Maßlöffel usw. – anzuschaffen und konsequent zu verwenden.

Zum Einlegen
Man braucht keine besonderen Gerätschaften, nur einen guten Topf mit schwerem Boden, der für das Erhitzen des Essigs idealerweise aus Edelstahl oder einem anderen säurebeständigen Material sein sollte. Außerdem werden Einmachgläser mit gut schließenden, säurebeständigen Deckeln und lebensmitteltaugliche Kunststoffgefäße zum Aufbewahren der Pickles und Gewürze benötigt.

Zum Fermentieren
Für die ersten Fermentierversuche genügen die Utensilien, die man sowieso zu Hause hat.

* Beachten Sie die Mengenangabe zu Beginn des Rezepts und halten Sie ein Einmachglas oder ein Gefäß passender Größe bereit. Ein etwas größeres Gefäß ist immer die bessere Wahl, weil die Mischung sprudeln und blubbern wird und genug Platz braucht.
* Für den Fall, dass Flüssigkeit überläuft, stellt man das Einmachglas oder Gefäß während der Fermentierung auf einen Teller. Dies gilt vor allem für sehr aktives Gärgut wie Sauerkraut und Chilisaucen (z. B. Sriracha- und Kimchi-Sauce), die ziemlich stark blubbern können.
* Verwenden Sie keine Schüsseln oder Gefäße aus Metall. Wählen Sie Gefäße aus säurebeständigen Materialien wie Steingut oder lebensmitteltaugliche Kunststoffgefäße.
* Achten Sie darauf, dass die Zutaten immer vollständig mit Lake bedeckt sind. Dazu das Gärgut fest nach unten drücken, um sämtliche Lufteinschlüsse zu entfernen, dann einen passenden Teller darauflegen und diesen beschweren, damit das Einlegegut immer mit Flüssigkeit bedeckt ist. Ich nehme zum Beschweren einen mit Wasser gefüllten Gefrierbeutel mit Reißverschluss.

Wenn Sie öfter fermentieren wollen, lohnt es sich, in einen Gärtopf aus Steingut zu investieren. Diese Töpfe haben Deckel mit Beschwerungssteinen und eine Luftschleuse, was ziemlich raffiniert und effizient ist.

Sterilisieren, Einfüllen und Aufbewahren
Für die Konservierung von Lebensmitteln sollten immer sterilisierte Einmachgläser verwendet werden, um Verunreinigungen von Anfang an auszuschließen. Für Pickles, die im Kühlschrank aufbewahrt werden und nur einige Tage halten müssen, reicht es aus, das Einmachglas in sehr heißem Wasser mit Spülmittel zu spülen. Will man die konservierten Lebensmittel einige Wochen oder länger aufbewahren, gibt es zwei Möglichkeiten. Sie können die Einmachgläser und ihre Deckel in heißem Wasser mit Spülmittel spülen und sie dann etwa 10 Minuten in den vorgeheizten Backofen stellen, bis die Gläser und Deckel vollständig trocken sind. Oder Sie spülen die Einmachgläser und die Deckel bei der höchstmöglichen Temperatur in der Spülmaschine.

Beim Einfüllen sollten die Zutaten und das Einmachglas in etwa die gleiche Temperatur haben; dadurch lässt sich das Risiko, dass die Zutaten verderben, senken. Heiße Flüssigkeiten sollten also in heiße Einmachgläser und zimmerwarme Flüssigkeiten in zimmerwarme Einmachgläser gefüllt werden. Die Gläser nie bis zum Rand füllen, sondern immer etwas Raum zum Atmen lassen. Sofort nach dem Einfüllen der Zutaten das Einmachglas oder Gefäß fest verschließen, auf Zimmertemperatur abkühlen lassen und dann in den Kühlschrank stellen.

DILL

PICKLES

Ich kann mich noch gut an das erste Mal erinnern, als ich etwas eingelegt habe – es waren Mini-Gurken und sie schmeckten ekelhaft. Heute muss ich darüber lachen, weil das Einlegen von Gurken wirklich supereinfach ist und man wahrlich keine Starkoch sein muss, damit es gelingt.

Einlegen ist wirklich nicht schwierig – das Wichtigste passiert im Einmachglas von allein. Und ein weiteres Plus: Mit einigen Gläsern selbst gemachter Pickles im Kühlschrank kann man jedem unvorhergesehenen Abendessen oder zwanglosen Mahl am Wochenende einen besonderen Dreh verleihen – ihr fantastischer Geschmack macht die einfachste Mahlzeit und jeden Snack zum Festessen.

Eingelegte Gurken sind wirklich ganz einfach zu machen und passen zu fast allem. Wer es einmal probiert hat, will immer einen Vorrat davon im Kühlschrank haben. Ich esse sie direkt aus dem Glas oder gebe sie zu Kartoffelsalat und Salsa verde. Sie sind aber auch eine tolle Beilage zu einer Käseplatte oder zu Gerichten mit geschmolzenem oder gegrilltem Käse. Und in Scheiben geschnitten (besonders schön mit Wellenschnitt) schmecken sie klasse in jedem Burger.

Eingelegte Gurken

750 g Einlegegurken, gewaschen, längs geviertelt
1 Bund Dill
1–2 Knoblauchzehen, geschält und in feine Scheiben geschnitten
abgeriebene Schale von ½ unbehandelten Zitrone
250 ml Reisessig
250 ml Weißweinessig
250 ml Wasser
100 g Rohzucker
2 EL Meersalz
1 TL gelbe Senfkörner
1 EL schwarze Pfefferkörner
¼ Zimtstange
1 Prise Chiliflocken

Ergibt 1 Einmachglas von 1 Liter

1. Die geviertelten Gurken und den Dill in ein großes, sauberes Einmachglas oder Kunststoffgefäß schichten.
2. Den Knoblauch und die Zitronenschale zugeben.
3. Die beiden Essigsorten, das Wasser, den Zucker und alle Gewürze in einen großen Topf geben und auf mittlerer bis hoher Stufe unter ständigem Rühren etwa 10 Minuten köcheln lassen, bis sich der Zucker vollständig aufgelöst hat.
4. Von der Herdplatte nehmen und die Lake etwa 5 Minuten abkühlen lassen.
5. Die warme Lake über die Gurken gießen, sodass sie vollständig bedeckt sind. Falls erforderlich die Gurken während des Einfüllens der Flüssigkeit mit einem Teller nach unten drücken. Das Einmachglas oder Gefäß mit dem Deckel verschließen und in den Kühlschrank stellen. Die Dillgurken schmecken bereits nach 1–2 Tagen lecker, noch besser aber nach etwa 1 Woche. Gekühlt halten sie sich bis zu 3 Wochen, danach verlieren sie etwas an Knackigkeit.

THAI SHALLOTS
09.00.15

Diese Pickles passen hervorragend zu einem eisgekühlten Bier oder als Beilage zu einem Thai-Curry. Zum Star an der Snack-Front werden Sie, wenn Sie Erdnüsse oder (wie für die beliebte Pub-Knabberei) fleischige Schweinekrusten oder Speckschwartenstreifen mit Salz, Pfeffer, Zucker, Kaffirlimettenpulver und etwas Fischsauce knusprig rösten und sie zusammen mit diesen Schalotten servieren – einfach unschlagbar!

Thai-Schalotten

200 g Schalotten (ca. 8–10 Stück), ungeschält
250 ml Reisessig
220 g Rohzucker
1 EL Meersalz
5 frische Kaffirlimettenblätter
½ Stängel Zitronengras

Ergibt 1 Einmachglas von ½ Liter

1. Die ungeschälten Schalotten in einer großen Schüssel mit kochendem Wasser bedecken. 1 Minute ziehen lassen. Abgießen und etwas abkühlen lassen.
2. Die Schalotten schälen und beiseitestellen.
3. Essig, Zucker und Salz in einem Topf zum Kochen bringen und bei mittlerer Hitze den Zucker unter Rühren auflösen.
4. Die geschälten Schalotten zusammen mit den Kaffirlimettenblättern und dem Zitronengras in den Sud geben, erneut aufkochen und auf mittlerer bis niedriger Stufe 5 Minuten köcheln lassen.
5. Die Schalotten, das Zitronengras und die Limettenblätter mit einem Schaumlöffel aus dem Sud nehmen und in ein sauberes Einmachglas geben.
6. Die Essiglake erneut aufkochen und bei mittlerer Hitze weitere 5 Minuten kochen lassen.
7. Die heiße Essiglake vorsichtig über die Schalotten gießen. Das Glas mit dem Deckel verschließen, abkühlen lassen und dann im Kühlschrank lagern. Die Schalotten sind nach 2 Tagen zum Verzehr bereit und halten sich im Kühlschrank bis zu 1 Monat.

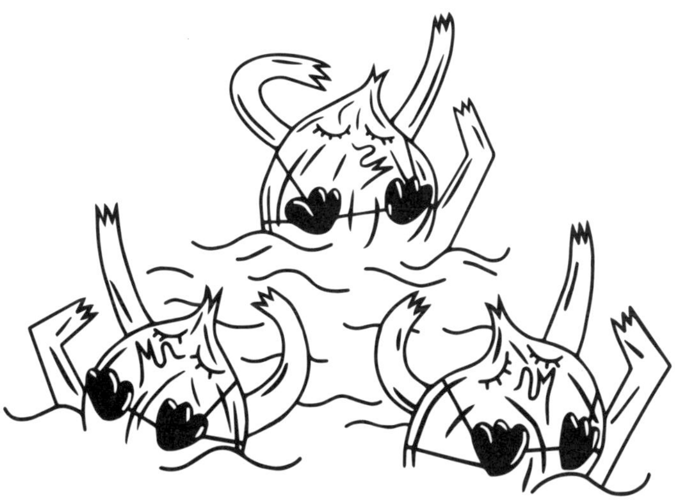

Ich liebe den salzigen Geschmack von Meerfenchel – vor allem gedünstet, mit Butter und als Beilage zu Fisch – mmmh! Da er nur kurze Zeit frisch zu bekommen ist, kam mir die Idee, ihn einzulegen und damit etwas länger haltbar zu machen. Da er für sich allein bereits sehr salzig ist, benötigt man für die Lake kein zusätzliches Salz. Zu Fisch, einem Hummerbrötchen oder einer Wurstplatte servieren.

Eingelegter Meerfenchel

250 g Meerfenchel (Queller, Salicorne)
250 ml Reisessig
250 ml Apfelessig
50 g Rohzucker
2 Lorbeerblätter
1 TL Senfkörner
½ TL Koriandersamen
½ TL schwarze Pfefferkörner

Ergibt 1 Einmachglas von ½ Liter

1. In einem großen Topf reichlich Wasser zum Kochen bringen. Den Meerfenchel hineingeben und 10 Sekunden blanchieren, dann kurz in Eiswasser abschrecken und abtropfen lassen.
2. Die restlichen Zutaten in einen mittelgroßen Topf geben und den Zucker auf mittlerer Stufe unter Rühren auflösen. Vom Herd nehmen und vollständig abkühlen lassen.
3. Den Meerfenchel in ein sauberes Einmachglas füllen und die abgekühlte Essiglake dazugießen. Der gesamte Meerfenchel sollte mit Lake bedeckt sein. Mit dem Deckel verschließen und im Kühlschrank lagern. Der Meerfenchel ist nach 2 Tagen zum Verzehr bereit und hält sich im Kühlschrank bis zu 2 Wochen.

Im Uhrzeigersinn von oben: Eingelegter Meerfenchel, Kaffee-Shiitake-Pickles (Seite 25), Eingelegte Szechuan-Wassermelone (Seite 23)

Auf diese Weise leicht süßlich und asiatisch pikant eingelegt, schmeckt Wassermelone ausgezeichnet zu salzigen Fleischgerichten wie Schweinekoteletts, Frühstücksspeck und Wurstwaren. Aber selbstverständlich kann man sie auch vor dem Fernseher einfach so direkt aus dem Glas naschen …

Eingelegte Szechuan-Wassermelone

½ Wassermelone
250 ml Reisessig
125 ml Wasser
220 g Rohzucker
1 EL Meersalz
2 Sternanis
1 daumengroßes Stück frischer Ingwer, geschält
1 EL Szechuanpfeffer
1 Zimtstange

Ergibt 1 Einmachglas von ½ Liter

1. Die Wassermelone vierteln und mit einem scharfen Messer die harte grüne Außenhaut entfernen. Die Melonenviertel in 2 cm dicke Scheiben schneiden; von diesen die weiße Rinde mit nur wenig Fruchtfleisch daran abschneiden und in mundgerechte Stücke zerteilen. Das restliche Fruchtfleisch für einen Salat, ein Getränk oder einfach zum Naschen aufbewahren.
2. In einem großen Topf den Essig, das Wasser, den Zucker und alle Würzzutaten mischen und auf mittlerer bis hoher Stufe erhitzen. Die Mischung darf aber nicht kochen!
3. Die Wassermelonenrindenstücke in den Sud geben, 1 Minute aufkochen, dann weitere 5 Minuten köcheln lassen.
4. Vom Herd nehmen und die Wassermelonenstücke zusammen mit der Lake in ein sauberes Glas oder Kunststoffgefäß füllen. Mit dem Deckel verschließen und abkühlen lassen, dann sind sie zum Verzehr bereit. Sie halten sich im Kühlschrank bis zu 1 Woche.

Bonne Maman

Diese köstlichen Pilze schmecken leicht erdig, süßlich und fleischig-herzhaft. Ich habe sie gemeinsam mit meinem Freund James »Beans« Low entwickelt, Profi-Barista und ein echtes Kaffeegenie. Diese Pickles passen hervorragend auf eine Wurstplatte oder in Scheiben geschnitten auf eine Pizza oder ein Sandwich. Angebraten in wenig Olivenöl schmecken sie auch zu Rührei fantastisch.

Kaffee-Shiitake-Pickles

100 g getrocknete Shiitakepilze
500 ml kochendes Wasser
125 ml Weißweinessig
1½ EL Rohzucker
1 EL frisch gemahlene Kaffeebohnen

Ergibt 1 Einmachglas von 300 ml

1. Die getrockneten Pilze in eine Schüssel geben und mit dem kochenden Wasser übergießen. Die Pilze mit einem Teller beschweren, damit sie vollständig von Wasser bedeckt sind, und 15 Minuten einweichen lassen.
2. Die Pilze durch ein feines Sieb abseihen und 125 ml der Einweichflüssigkeit abmessen.
3. Die 125 ml Pilzflüssigkeit mit dem Essig und dem Zucker in einen Topf geben und unter Rühren auf 90 Grad erhitzen, bis sich der Zucker vollständig aufgelöst hat, aber nicht kochen lassen. Die Temperatur darf 90 Grad nicht übersteigen, damit der Kaffee beim Überbrühen nicht verbrennt.
4. Die Pilze in ein sauberes Einmachglas oder Kunststoffgefäß füllen. Die gemahlenen Kaffeebohnen in einen mit Filterpapier ausgelegten Kaffeefilter geben und diesen auf das Einmachglas oder das Gefäß mit den Pilzen stellen.
5. Langsam eine kleine Menge (etwa 50 ml) der Lake über die gemahlenen Kaffeebohnen gießen und 30 Sekunden durch den Filter ablaufen lassen. Dann die restliche Flüssigkeit in den Filter gießen, bis das Einmachglas oder das Gefäß gefüllt ist.
6. Auf Zimmertemperatur abkühlen lassen, dann mit einem Deckel verschließen und im Kühlschrank lagern. Die Pickles sind nach 1 Tag zum Verzehr bereit und halten sich im Kühlschrank bis zu 2 Wochen.

Diese süßlich-knackigen Pickles aus Daikon und Karotten werden traditionell zum vietnamesischen Bành mí serviert. Sie geben diesem Sandwich einen unvergleichlich knackigen Biss und sind für mich keineswegs nur schmückendes Beiwerk, sondern ebenso wichtig wie alle anderen Zutaten. Diese Pickles schmecken auch gut zu gedünstetem Reis, gegrilltem Fleisch oder in einem Salat.

Bành-mí-Pickles

250 g Karotten, geschält, in feine Stifte geschnitten
250 g Daikon-Rettich, geschält, in feine Stifte geschnitten
3 TL Meersalz
125 ml warmes Wasser
125 ml Reisessig
55 g Rohzucker

Ergibt 1 Einmachglas von 300 ml

1. Die Karotten- und Rettichstifte mit 1 TL Salz in einem Abtropfsieb gründlich vermischen und 30 Minuten ruhen lassen.
2. Dann das Gemüse waschen und mit Küchenpapier trocken tupfen.
3. Das Gemüse in ein sauberes Einmachglas oder Kunststoffgefäß füllen.
4. Das Wasser mit dem Essig, dem Zucker und den restlichen 2 TL Salz in einer großen Schüssel verrühren, bis sich Salz und Zucker vollständig aufgelöst haben.
5. Die Lake über das Gemüse in dem Glas oder Kunststoffgefäß gießen. Mit dem Deckel verschließen und im Kühlschrank lagern. Die Pickles sind nach 1 Stunde zum Verzehr bereit und halten sich im Kühlschrank bis zu 2 Wochen.

Rote Bete und Meerrettich sind eine klassische Kombination, die ausgezeichnet zu geräuchertem Fisch wie auch zu gepökeltem und luftgetrocknetem Fleisch passt. Ich schneide die Knollen dazu gern in Scheiben, um sie auch auf ein Sandwich legen zu können. Schmeckt einfach umwerfend auf Roggenbrot mit geräucherter Makrele oder in einem Laugenbrötchen mit Schinken. Ein weiteres tolles Aroma ist Lakritze (einer meiner absoluten Favoriten – wir Holländer sind geradezu verrückt danach!). Ihr Anisgeschmack rundet die Erdigkeit und Süße der Bete perfekt ab.

Meerrettich-Bete

250 g Chioggia-Bete oder Rote Bete (Rande), geschält, abgespült, Blätter entfernt
1 EL Meersalz
4 EL Rohzucker
1 TL Chiliflocken
2 TL fein geriebener frischer Ingwer

MEERRETTICHPASTE
100 g Meerrettich
150 ml Weißweinessig
½ TL Meersalz

Ergibt 1 Einmachglas von 300 ml

1 Für die Meerrettichpaste den Meerrettich grob reiben (wegen der stechenden Schärfe am besten in einem gut belüfteten Raum). Mit der Hälfte des Essigs und des Salzes im Blitzhacker oder in der Küchenmaschine zu einer homogenen Masse pürieren. Den restlichen Essig und dann löffelweise 3 EL Wasser zugeben, bis es die Konsistenz einer Paste hat. Falls sie zu wässrig ist, etwas Flüssigkeit abgießen.
2 Die Rote Bete mit einem Gemüsehobel in gleichmäßig dicke Scheiben schneiden. Mit 2 EL der Meerrettichpaste, Salz, Zucker, Chiliflocken und Ingwer in eine Schüssel geben. Von Hand mit Einmalhandschuhen alles gründlich vermengen.
3 In ein sauberes Einmachglas füllen und die Rote Bete beschweren, damit sie mit Einlegeflüssigkeit bedeckt ist. 1 Stunde ziehen lassen. Umrühren und genießen.
4 Die restliche Meerrettichpaste hält sich in ein sauberes Glas abgefüllt und fest verschlossen im Kühlschrank 3–4 Wochen.

Rote Bete in Lakritzlake

500 g Rote Bete (Randen), abgespült, Blätter entfernt
300 ml Weißweinessig
100 ml Wasser
3 Süßholzwurzeln, in Stücke gebrochen
1 Schalotte, in feine Scheiben geschnitten
100 g Rohzucker
5 schwarze Pfefferkörner
1 TL Meersalz

Ergibt 1 Einmachglas von ½ Liter

1 Reichlich Wasser in einem mittelgroßen Topf zum Kochen bringen. Die Roten Beten hineingeben und bei reduzierter Hitze etwa 2 Stunden leise köcheln lassen, bis die Knollen weich sind. Abtropfen und abkühlen lassen.
2 Den Essig, das Wasser und alle weiteren Zutaten in einen zweiten Topf geben und zum Kochen bringen, dann die Hitze reduzieren und 30 Minuten köcheln lassen.
3 Die Roten Beten schälen, in mundgerechte Stücke schneiden und in ein sauberes Einmachglas schichten.
4 Die Essiglake nochmals leicht aufkochen, dann in das Einmachglas gießen. Die Rote Bete muss vollständig bedeckt sein.
5 Auf Zimmertemperatur abkühlen lassen, dann mit dem Deckel fest verschließen und im Kühlschrank lagern. Die Pickles sind nach 3 Stunden zum Verzehr bereit und halten sich im Kühlschrank bis zu 2 Wochen.

Ich mag eingelegten Fenchel besonders gern: Er ist knackig und süß, schmeckt ausgesprochen frisch und hat ein herrliches Anisaroma. Er macht sich sehr gut mit einer Auswahl weiterer Pickles, sehr fein geschnitten in einem Salat oder wie auf Seite 97 in einem Sandwich.

Süße Fenchel-Pickles

2 Fenchelknollen, Wurzelansatz entfernt
125 ml Reisessig
125 ml Weißweinessig
125 ml Wasser
1 EL Meersalz
3 EL Rohzucker
1 TL Koriandersamen
1 TL Fenchelsamen

Ergibt 1 Einmachglas von 300 ml

1 Den Fenchel in feine Streifen schneiden und in ein sauberes Einmachglas oder Kunststoffgefäß füllen.
2 Die beiden Essigsorten, das Wasser, Salz und Zucker und in einen Topf füllen und auf mittlerer bis hoher Stufe erhitzen. Dann Koriander- und Fenchelsamen zugeben und auf mittlerer bis hoher Stufe 5 Minuten köcheln lassen.
3 Die heiße Lake über den Fenchel gießen. Mit dem Deckel verschließen und im Kühlschrank lagern. Die Pickles sind nach 5 Tagen zum Verzehr bereit und halten sich im Kühlschrank bis zu 2 Wochen.

Diese Pickles sind umwerfend! Sie passen perfekt zu dem unglaublich schmackhaften Stilton-Dip von Seite 81, in einen Salat oder als Beilage zu gegrillten Rippchen oder anderem Fleisch vom Grill.

Eingelegte Nashi-Birnen

2 Nashi-Birnen
250 ml Reisessig
220 g Rohzucker
1 TL Meersalz
1 Knoblauchzehe, geschält, in feine Scheiben geschnitten

Ergibt 2 Einmachgläser von je 300 ml

1 Die Birnen schälen, vierteln, vom Kerngehäuse befreien und in Spalten schneiden.
2 Essig, Zucker und Salz in einem Topf auf mittlerer bis hoher Stufe erhitzen. Rühren, bis sich der Zucker aufgelöst hat, dann die Birnen zugeben und alles gründlich vermengen.
3 Einen zweiten Topf mit Wasser füllen und dieses zum Köcheln bringen. Die Birnen aus der Essiglake nehmen, in das köchelnde Wasser geben und etwa 5 Minuten sanft kochen lassen; sie sollten noch etwas Biss haben.
4 Die Birnen aus dem Wasser nehmen und in saubere Einmachgläser füllen. Den Knoblauch hinzufügen.
5 Die Essiglake auf mittlerer bis hoher Stufe 5 Minuten zu einem Sirup einkochen.
6 Den Sirup über die Birnen gießen, mit dem Deckel verschließen, auf Zimmertemperatur abkühlen lassen, dann im Kühlschrank lagern. Die Birnen sind nach 3 Tagen zum Verzehr bereit und halten sich im Kühlschrank bis zu 2 Wochen.

Im Uhrzeigersinn von oben links: Kimchi-Butter (Seite 82), Stilton-Dip (Seite 81), Orangenblüten-Karotten (Seite 43), Bourbon-Okra-Pickles (Seite 32), Eingelegte Gurken (Seite 17), Eingelegte Nashi-Birnen, Süße Fenchel-Pickles, Rosenblüten-Radieschen (Seite 43)

Bourbon-Okra-Pickles

200 g Okraschoten
250 ml Reisessig
250 ml Apfelessig
250 ml Wasser
2 EL Rohzucker
4 EL Meersalz
2 EL gelbe Senfkörner
1 TL Koriandersamen
½ TL schwarze Pfefferkörner
125 ml Bourbon Whisky
1 EL Chiliflocken
4 frische Dillzweige
3 Knoblauchzehen, geschält, in feine Scheiben geschnitten
abgeriebene Schale von ½ unbehandelten Zitrone

Ergibt 2 Einmachgläser von je 300 ml

1 Von den Okras die Stiele abschneiden.
2 Die beiden Essigsorten, das Wasser, Zucker und Salz und in einem Topf auf mittlerer bis hoher Stufe unter Rühren erhitzen, bis sich der Zucker und das Salz vollständig aufgelöst haben.
3 Senfkörner, Koriandersamen, Pfefferkörner, Whisky und Chiliflocken zugeben und 5 Minuten köcheln lassen.
4 Die Okras mit Dill, Knoblauch und Zitronenschale in saubere Einmachgläser oder Kunststoffgefäße füllen.
5 Die heiße Essiglake vorsichtig über die Okras gießen. Mit dem Deckel verschließen und vollständig abkühlen lassen, dann im Kühlschrank lagern. Die Pickles sind nach 2 Tagen zum Verzehr bereit und halten sich im Kühlschrank bis zu 2 Wochen.

Jeder von uns geht ab und zu mal in einen Dönerladen, oder? Ich jedenfalls habe eine Schwäche für Lamm-Dürüm mit einer Extraportion eingelegter Chilis. Auch Döner Kebab oder Falafel sind ohne diese superleckeren türkischen Chilis einfach undenkbar. Hier ist meine hausgemachte Version, die ich gerne zu einem Sauerteig-Fladenbrot mit kreuzkümmelgewürztem Lamm (siehe Seite 105) genieße.

Eingelegte Döner-Chilis

300 g lange grüne Chilischoten
1 Knoblauchzehe, geschält
1 Thymianzweig
350 ml Apfelessig
350 ml Wasser
2 EL Meersalz
150 g Rohzucker
¼ TL Paprikapulver
¼ TL frisch gemahlener schwarzer Pfeffer

Ergibt 1 Einmachglas von 750 ml

1. Die Chilischoten waschen und mit dem Knoblauch und dem Thymian in ein sauberes Einmachglas füllen.
2. Den Essig, das Wasser, Salz, Zucker, Paprikapulver und Pfeffer in einem Topf auf mittlerer Stufe erhitzen und umrühren, bis sich der Zucker und das Salz aufgelöst haben.
3. Die heiße Essiglake sofort über die Chilischoten gießen. Mit dem Deckel verschließen und abkühlen lassen. Vor dem Verzehr 2 Wochen im Kühlschrank ziehen lassen. Im Kühlschrank halten sich die Chilis bis zu 3 Monate.

Mein Freund Magnus Reid, der das Restaurant C.R.E.A.M in London betreibt (siehe Seite 113), hat mir von Ausflügen und Farmbesuchen oft tolle Sachen mitgebracht – Pilze, Meerrettichblätter (mit ihnen bleiben Gurken wunderbar knackig) und Pflaumen. Jede Menge Pflaumen! Sie waren fantastisch,aber so reif, dass man sie sofort verarbeiten musste und damit perfekt zum Einlegen. In Scheiben geschnitten passen diese Pickles hervorragend in einen herzhaften Salat oder als Beilage zu einer Käseplatte.

Rosmarin-Pflaumen-Pickles

250 g rote Pflaumen
½ Zimtstange
2 Rosmarinzweige
500 ml Apfelessig
220 g Rohzucker
½ EL Meersalz

Ergibt 1 Einmachglas von 750 ml

1. Die Pflaumen gründlich waschen und in ein sauberes Einmachglas oder Kunststoffgefäß füllen. Den Zimt und die Rosmarinzweige dazugeben.
2. Den Essig mit Zucker und Salz in einem Topf zum Kochen bringen und auf mittlerer bis hoher Stufe unter Rühren kochen lassen, bis sich der Zucker aufgelöst hat.
3. Die heiße Essiglake über die Pflaumen gießen. Auf Zimmertemperatur abkühlen lassen, dann mit dem Deckel verschließen und im Kühlschrank lagern. Die Pickles sind nach 5 Tagen zum Verzehr bereit und halten sich im Kühlschrank bis zu 2 Monate.

Kardamom-Reineclauden-Pickles

10 Kardamomkapseln
250 g Reineclauden
½ Zimtstange
2 Sternanis
500 ml Apfelessig
220 g Rohzucker
½ EL Meersalz

Ergibt 1 Einmachglas von 750 ml

1. Die Kardamomkapseln behutsam öffnen und die Samen herauslösen; die Kapseln wegwerfen.
2. Die Reineclauden gründlich waschen und in ein sauberes Einmachglas oder Kunststoffgefäß geben.
3. Die Kardamomsamen, den Zimt und den Sternanis in das Glas geben.
4. Den Essig, den Zucker und das Salz in einem Topf zum Kochen bringen und auf mittlerer bis hoher Stufe unter Rühren kochen lassen, bis sich der Zucker aufgelöst hat.
5. Die heiße Essiglake über die Reineclauden gießen. Auf Zimmertemperatur abkühlen lassen, dann mit dem Deckel verschließen und im Kühlschrank lagern. Die Reineclauden sind nach 5 Tagen zum Verzehr bereit und halten sich im Kühlschrank bis zu 2 Monate.

Diese Pickles findet man in fast jeder *Taqueria* und an jedem Taco-Stand in Yucatán in Mexiko. Sie sind kinderleicht zuzubereiten und schmecken hervorragend zu Tacos, Sandwiches, Burgern und Hot Dogs, aber auch zu frischem Fisch und Meeresfrüchten. Ich reiche sie gern zu den Chipotle-Schweinefleisch-Tacos auf Seite 110.

Yucatán-Pickles

2 rote Zwiebeln, in feine Ringe geschnitten
2 TL Meersalz
375 ml Rotweinessig
1 TL schwarze Pfefferkörner
1 Knoblauchzehe, geschält und zerdrückt
2 TL getrockneter Oregano

Ergibt 2 Einmachgläser von je 300 ml

1 Die Zwiebelringe in einer Schüssel mit dem Salz vermengen. Unter gelegentlichem Umrühren etwa 30 Minuten ziehen lassen, bis die Zwiebeln etwas von ihrer Flüssigkeit abgegeben und eine schöne rötliche Farbe angenommen haben.

2 Den Essig, die Pfefferkörner, den Knoblauch und den Oregano zugeben und alles gut vermischen.

3 Das Ganze in saubere Einmachgläser füllen, mit dem Deckel verschließen und vor dem Verzehr 3 Stunden im Kühlschrank lagern. Die Pickles halten sich im Kühlschrank bis zu 1 Woche.

Diese Pickles sind sehr einfach zuzubereiten und sorgen immer für Furore. Sie sind schnell gemacht und ideal für eine spontane Party mit Freunden, weil sie so schön aussehen und gut schmecken. Reichen Sie sie einfach so oder zu Steaks, Salaten und Tacos.

Party-Quickles

250 ml Reisessig
250 ml Apfelessig
250 ml Wasser
220 g Rohzucker
1 TL Meersalz
1 TL frisch gemahlener schwarzer Pfeffer
1 TL gelbe Senfsamen
2 Bund Radieschen (ca. 20 Stück), gewaschen
1 große Handvoll Karotten (ca. 6 Stück), gewaschen
1 großes Bund Koriandergrün, fein gehackt
1 kleine Handvoll rote Chilischoten (ca. 5 Stück)

Ergibt 1 Einmachglas von 750 ml

1. Die beiden Essigsorten, das Wasser, den Zucker und das Salz in einem großen Topf verrühren und zum Kochen bringen. Auf mittlerer bis hoher Stufe unter Rühren kochen lassen, bis sich der Zucker aufgelöst hat. Den schwarzen Pfeffer und die Senfsamen zugeben. Vom Herd nehmen und auf Zimmertemperatur abkühlen lassen.
2. Die Radieschen und die Karotten mit einem Gemüsehobel in sehr feine Scheiben hobeln.
3. Die Radieschen- und Karottenscheiben in einer Schüssel mit dem Koriandergrün vermengen. Dann in ein sauberes Einmachglas füllen.
4. Die Chilischoten in feine Ringe schneiden, etwa so fein wie die Radieschen und die Karotten, und ebenfalls in das Einmachglas geben.
5. Die abgekühlte Essiglake über das Gemüse und die Kräuter gießen. Mit dem Deckel verschließen und im Kühlschrank lagern. Die Pickles sind nach wenigen Stunden zum Verzehr bereit und halten sich im Kühlschrank bis zu 1 Woche.

Rosenwasser und Orangenblütenwasser sind außergewöhnliche Zutaten, die ganz einfachen Dingen ein fantastisches Aroma verleihen können. Man sollte allerdings davon nur wenige Tropfen verwenden, da sonst ein leicht seifiger Geschmack zurückbleiben kann.

Orangenblüten-Karotten

120 ml Reisessig
120 ml Apfelessig
120 ml Wasser
100 g Rohzucker
1 TL Meersalz
einige Tropfen Orangenblütenwasser
1 große Handvoll Karotten (ca. 6 Stück), geschält, längs halbiert

Ergibt 1 Einmachglas von ½ Liter

1. Die beiden Essigsorten, das Wasser, den Zucker und das Salz in einem großen Topf verrühren und zum Kochen bringen. Auf mittlerer bis hoher Stufe unter Rühren kochen lassen, bis sich der Zucker aufgelöst hat. Das Orangenblütenwasser zugeben.
2. Die Karotten in ein sauberes Einmachglas schichten und mit der heißen Essiglake übergießen.
3. Mit dem Deckel verschließen, auf Zimmertemperatur abkühlen lassen und dann im Kühlschrank lagern. Die Pickles sind nach 3 Tagen zum Verzehr bereit und halten sich im Kühlschrank bis zu 1 Woche.

Als ich vor acht Jahren nach London gezogen bin, habe ich viele Sonntagnachmittage (okay, auch Freitag- und Samstagabende) in Pubs im Osten Londons verbracht, habe mein Bier getrunken und dazu typisch britische Snacks gegessen – frittierte Scampi, »Pork scratchings« und »Salt and Vinegar Chips«. Ein Freund hat mich dann mit in Essig eingelegten Eiern bekannt gemacht. Seiner Meinung nach gibt es nur eine Art, sie zu essen: Man gibt das Ei in eine Tüte mit Kartoffelchips, schwenkt die Tüte kräftig und genießt es dann zum Bier. Hier meine aufgepeppte, mexikanisch angehauchte Version davon, mit Chipotles in der Essiglake und Tortilla-Chips anstelle gewöhnlicher Kartoffelchips.

Eingelegte Chipotle-Eier

10 mittelgroße Eier
500 ml Apfelessig
2 Knoblauchzehen, geschält
1 weiße Zwiebel, geviertelt
1 EL Meersalz
2 EL Rohzucker
5 Chipotle-Chilis in Adobo-Sauce aus der Dose
2 getrocknete Chipotle-Chilis, gemahlen
500 ml Wasser

Ergibt 1 großes Einmachglas für 10 Eier

1. Die Eier in einem Topf Wasser zum Kochen bringen und auf mittlerer bis niedriger Stufe 7 Minuten gar kochen. Zum Abkühlen in eine Schüssel mit eiskaltem Wasser legen.
2. Die Eier in dem Wasser schälen (so bleibt das Eiweiß perfekt glatt) und in ein sauberes Einmachglas füllen.
3. In einem großen Topf den Essig, den Knoblauch, die Zwiebel, Salz, Zucker, die Chilischoten, die gemahlenen Chilis und das Wasser zum Kochen bringen. Auf mittlerer bis hoher Stufe etwa 30 Minuten köcheln lassen, bis die Zwiebel glasig ist.
4. Die heiße Essiglake über die Eier in dem Einmachglas gießen, sodass sie vollständig bedeckt sind. Mit dem Deckel verschließen, auf Zimmertemperatur abkühlen lassen und vor dem Verzehr 3 Tage im Kühlschrank lagern. Die eingelegten Eier halten sich bis zu 1 Woche. Mit einer Tüte Ihrer Lieblingschips servieren!

Varianten dieser Art von Pickles sind in ganz Asien unter verschiedenen Namen verbreitet. In der thailändischen Küche heißen sie *Achat,* in Malaysia und Indonesien *Acar,* und in der seit der Kolonialzeit durch viele indonesische Gerichte geprägten holländischen Küche nennt man sie *Atjar.* Überall in Holland findet man indonesische Restaurants, und viele Gerichte dieser Küche haben mich durch meine gesamte Kindheit begleitet. In einem kleinen indonesischen Lokal in Maastricht habe ich zum ersten Mal in einem Restaurant gejobbt. Dort lernte ich die traditionelle Art der Mahlzeit mit vielen kleinen, farbenfrohen Gerichten zusammen mit Reis, Pickles und verschiedenen *Sambals* (Chilisaucen) kennen – für mich war all das spannend und exotisch.

Achar

2 EL Sesamöl
1 TL Koriandersamen, geröstet, gemahlen
3 Knoblauchzehen, geschält, sehr fein gehackt
1 daumengroßes Stück frischer Ingwer, geschält, gerieben
2 TL Kurkuma
1 EL Sambal Oelek
50 g Rohzucker
1½ EL Meersalz
375 ml Apfelessig
375 ml Wasser
1 mittelgroßer Weißkohl, gewaschen
1 mittelgroße Karotte, gewaschen, geschält
½ mittelgroßer Blumenkohl, gewaschen
4 frische rote Chilischoten, entkernt, fein gehackt

Ergibt 1 Einmachglas von 1 Liter

1. Das Öl in einem großen Topf erhitzen. Die gemahlenen Koriandersamen, den Knoblauch und den Ingwer darin bei mittlerer bis starker Hitze 5 Minuten anbraten, bis die Gewürze duften und langsam dunkler werden.
2. Kurkuma und Sambal Oelek hinzufügen und 3 Minuten unter Rühren mitdünsten. Nun Zucker, Salz, den Essig und das Wasser zugeben und so lange bei mittlerer bis starker Hitze rühren, bis Zucker und Salz aufgelöst sind. Danach 5–10 Minuten leise köcheln lassen.
3. Inzwischen das Gemüse vorbereiten: Den Kohl und die Karotte am besten mit einem Gemüsehobel in sehr feine Streifen hobeln. Den Blumenkohl in kleine Röschen zerteilen.
4. Sämtliches Gemüse sowie die Chilischoten in den Topf geben und 5 Minuten im Sud garen.
5. Das Gemüse durch ein feines Sieb abgießen, die Gewürze wegwerfen und den Essigsud zurückbehalten. Das Gemüse in ein sauberes Einmachglas füllen und mit dem Sud übergießen. Mit dem Deckel verschließen und auf Zimmertemperatur abkühlen lassen. Nach dem Abkühlen können die Pickles sofort verzehrt werden, noch besser schmecken sie jedoch, wenn sie etwas durchziehen können. Gekühlt halten sie sich bis zu 1 Monat.

Diese wunderbare italienische Variante von eingelegtem Gemüse habe ich vor etwa fünf Jahren im New Yorker Restaurant *Parm* kennengelernt. Es trägt den wunderschön klingenden Namen »Giardiniera«, was so viel heißt wie »aus dem Garten«. Köstlich als schlichtes Antipasto, vielleicht kombiniert mit etwas Parmigiano, luftgetrocknetem Fleisch und dazu einem schönen Wein. Man kann das eingelegte Gemüse aber auch fein gehackt zu einer Salsa verarbeiten oder es auf Sandwiches, Hot Dogs oder – warum nicht – sogar auf eine Pizza geben.

Eingelegtes Gemüse Giardiniera

2 l Wasser
200 g Meersalz
1 rote Paprikaschote
1 gelbe Paprikaschote
1 Zucchini
½ Aubergine
100 g kleine braune Champignons
1 rote Zwiebel
4 Knoblauchzehen, geschält, in feine Scheiben geschnitten
60 ml Olivenöl
2 Zweige Rosmarin
2 Lorbeerblätter
2 Wacholderbeeren
4 Gewürznelken
1 TL schwarze Pfefferkörner
1 EL Rohzucker
750 ml Weißweinessig

Ergibt 1 großes Einmachglas von 2 Liter

1. Das Salz mit dem Wasser in einer großen Schüssel verrühren, bis es sich aufgelöst hat.
2. Paprikaschoten, Zucchini, Aubergine, Pilze und Zwiebel putzen und in beliebige Form schneiden. Ich finde zumindest für einige der Zutaten den Wellenschnitt ganz hübsch.
3. Sämtliches Gemüse in das Salzwasser geben. Mit einem Teller oder einem anderen schweren Gegenstand beschweren, um sicherzustellen, dass das Gemüse mit Lake bedeckt bleibt, und über Nacht bei Zimmertemperatur durchziehen lassen.
4. Am nächsten Tag das Gemüse abgießen und unter kaltem Wasser abspülen. Auf einem sauberen Geschirrtuch ausbreiten und 1–2 Stunden trocknen lassen.
5. Das so vorbereitete Gemüse zusammen mit dem Knoblauch, dem Olivenöl, Rosmarin, Lorbeerblättern, Wacholderbeeren, Gewürznelken, Pfefferkörnern und dem Zucker in ein sauberes Einmachglas füllen.
6. Mit dem Essig aufgießen, das Gemüse gut nach unten drücken, das Glas luftdicht verschließen und an einem dunklen und kühlen Ort aufbewahren. Nach 1–2 Wochen kann das Gemüse gegessen werden. Einmal geöffnet hält es sich im Kühlschrank 1 Monat.

In Japan wird *Tsukemono,* eingelegtes Gemüse, so ziemlich zu jeder Mahlzeit gereicht. Die Idee zu dem ersten Rezept beruht auf *Shibazuke,* einer in Kyoto gängigen Speise. Dazu passt weißer Reis oder als Snack einfach ein Bier.

Kyoto-Pickles

1 große Handvoll rote Shisoblätter (Perilla), gewaschen
2½ EL Meersalz
3 längliche Auberginen, gründlich gewaschen
1 Einlegegurke, gründlich gewaschen
1 daumengroßes Stück Ingwer, in sehr feine Stifte geschnitten

Ergibt 1 Einmachglas von ½ Liter

1. Die Shisoblätter in einem Sieb über eine Schüssel hängen. ½ EL Salz darüberstreuen und mit den Händen gut in die Blätter einreiben. 30 Minuten ziehen lassen. Anschließend die aus den Blättern ausgetretene Flüssigkeit in die Schüssel drücken.
2. Die Auberginen und die Gurke in etwa ½ cm dicke längliche Streifen schneiden.
3. Die Auberginen- und Gurkenstreifen sowie den Ingwer in eine Schüssel geben, die restlichen 2 EL Salz darüberstreuen und 30 Minuten ziehen lassen.
4. Nun die Shisoblätter zusammen mit der abgegebenen Flüssigkeit hinzufügen und alles zusammen in ein sauberes Einmachglas füllen. Das Gemüse beschweren, sodass es fest zusammengepresst wird und vom Sud bedeckt ist. Sollte das Gemüse nicht vollständig im Sud liegen, noch etwas Wasser hinzugießen.
5. Etwa 1 Woche im Kühlschrank lagern. Dabei hin und wieder kontrollieren, kurz umrühren und falls nötig etwas Wasser nachfüllen. Die fertigen Pickles halten sich im Kühlschrank 2–3 Wochen.

Auberginenpickles in rotem Miso

1 EL Sesamsamen
200 g rotes oder für mildere Variante weißes Miso
60 ml Mirin
1 EL Rohzucker
1 EL helle Sojasauce
10 Baby-Auberginen, in 1 cm dicke Scheiben oder Würfel geschnitten

Ergibt 1 Einmachglas von ½ Liter

1. In einer großen Schüssel die Sesamsamen mit Miso, Mirin, Zucker und Sojasauce vermischen.
2. Die Auberginen dazugeben und mit der Miso-Mischung gründlich vermengen, sodass sie überall gut verteilt ist.
3. Die Auberginen in ein sauberes Einmachglas oder ein Kunststoffgefäß füllen, mit dem Deckel verschließen und 1 Woche im Kühlschrank lagern. Zwischendurch hin und wieder umrühren.
4. Zum Servieren die Auberginenstücke aus dem Glas nehmen und mit kaltem Wasser abspülen. Sie halten sich bis zu 1 Monat.

Im Uhrzeigersinn von oben links: Eingelegte Senfblätter (Seite 53), Auberginenpickles in rotem Miso, Shiso-Quickles (Seite 52), Daikon-Kimchi (Seite 66), Kimchi-Chilisauce (Seite 74), Kyoto-Pickles

Schnelle Pickles – ich nenne sie kurzerhand auch Quickles – sind, wie unschwer zu vermuten ist, ruckzuck fertig. Wer also nicht schon tage- oder gar wochenlang im Voraus planen will, kann aufatmen, denn diese hier sind in weniger als einer Stunde fertig. Diese Methode eignet sich gut für Gemüse mit einem hohen Wassergehalt wie Gurken, Rettich oder Zwiebeln. Wichtig ist dabei: Je feiner das Gemüse geschnitten ist, desto schneller ist es durchgezogen.

Shiso-Quickles

1 Gurke
1 EL Meersalz
125 ml roter Shiso-Essig (siehe Seite 55)
125 ml Wasser
50 g Rohzucker

Ergibt 2 Einmachgläser von je 300 ml

1 Die Gurke mit einem Gemüsehobel in sehr feine, möglichst nahezu durchsichtige Scheiben schneiden. Steht kein Gemüsehobel zur Verfügung, versuchen Sie es mit einem scharfen Messer oder einem Gemüsesparschäler.
2 Die Gurkenscheiben in eine Schüssel geben, mit dem Salz bestreuen und dieses mit den Händen gut einreiben. 10 Minuten durchziehen lassen.
3 In einem Topf den Essig und das Wasser mit dem Zucker mischen und bei mittlerer bis starker Hitze so lange rühren, bis der Zucker sich aufgelöst hat.
4 Die Essiglake über die Gurkenscheiben gießen und vor dem Verzehr 10 Minuten durchziehen lassen. Im Kühlschrank halten sich diese Quickles bis zu 1 Woche.

Ich habe zwei Jahre lang in Chinatown gelebt und war in den Asia-Shops immer beeindruckt von der riesigen Auswahl an vakuumverpackten Pickles. Selten schaffte ich es ohne ein paar Sorten zum Ausprobieren aus dem Laden. Mein absoluter Favorit sind die eingelegten Senfblätter. Hier meine eigene Hausmachervariante dieses salzig-sauer-süß-knackigen Grünzeugs. Ich habe davon immer etwas auf Vorrat im Kühlschrank. Denn sie sind auch unerlässlich für die Dan-Dan-Nudeln auf Seite 100, die bei mir oft auf den Tisch kommen.

Eingelegte Senfblätter

400 g Blattsenf, geputzt, gewaschen
125 ml Weißweinessig
2 EL Meersalz
55 g Rohzucker
1 EL Szechuanpfeffer
1 rote Chilischote

Ergibt 1 Einmachglas von ½ Liter

1 In einem großen Topf reichlich Wasser zum Kochen bringen. Die Senfblätter in das kochende Wasser geben (sie werden dabei hellgrün), 10 Sekunden blanchieren, abgießen und in Eiswasser abschrecken.
2 Die Blätter vorsichtig ausdrücken und in einer Schüssel beiseitestellen.
3 In einem Topf den Essig mit Salz und Zucker mischen und so lange über mittlerer bis hoher Hitze verrühren, bis der Zucker sich aufgelöst hat. Dann den Szechuanpfeffer dazugeben.
4 Die Senfblätter und die Chilischote in ein sauberes Einmachglas füllen und so viel Essiglake darübergießen, dass alles gut bedeckt ist. Vollständig abkühlen lassen und vor dem Verzehr 2 Tage im Kühlschrank ziehen lassen. Im Kühlschrank aufbewahrt halten sich die Blätter bis zu 2 Wochen.

SHISO VINEGAR
ELDERFLOWER VINEGAR

Die Herstellung eines eigenen, hausgemachten Kräuteressigs ist wirklich kinderleicht – hier stelle ich Ihnen meine beiden Lieblingssorten vor. Sie können zum Einlegen von Gemüse verwendet werden (siehe zum Beispiel die Shiso-Quickles auf Seite 52) oder bringen einen besonderen Kick in ein Salatdressing.

Holunderblütenessig

15 Holunderblütendolden
500 ml Weißweinessig

Ergibt 1 Flasche von ½ Liter

1. Frisch gepflückte Holunderblütendolden kräftig durchschütteln, um eventuell vorhandene Insekten zu entfernen.
2. Die Blüten von den Stielen zupfen, in ein sauberes Einmachglas füllen und mit dem Essig übergießen. Verschließen und 2 Wochen im Kühlschrank lagern.
3. Dann den Essig durch ein feines Sieb oder Tuch in eine saubere Flasche abseihen und an einem dunklen, trockenen Ort lagern. Die abgegossenen Blüten wegwerfen. Der Essig hält sich bis zu 2 Monate.

Roter Shiso-Essig

1 große Handvoll rote Shisoblätter (Perilla)
500 ml Reisessig

Ergibt 1 Flasche von ½ Liter

1. Die Shisoblätter abspülen und grob zerkleinern.
2. Die Blätter in ein sauberes Einmachglas füllen und mit dem Reisessig übergießen. Das Glas verschließen und 3 Tage im Kühlschrank lagern.
3. Dann den Essig durch ein feines Sieb oder Tuch in eine saubere Flasche abseihen und an einem dunklen, trockenen Ort lagern. Die abgegossenen Blätter wegwerfen. Der Essig hält sich bis zu 2 Monate.

FERMENTIEREN

Früher hatte ich großen Respekt vor dem Fermentieren. Ich stellte mir das Ganze als ein ziemlich komplexes Verfahren vor, für das es eine Menge teurer Gerätschaften braucht.

Aber das stimmt gar nicht.

Im Grunde genommen gibt man einfach Dinge in ein Einmachglas, fügt etwas Salz oder Wasser hinzu, lässt die Luft entweichen und – siehe da – schon hat man sein eigenes Sauerkraut oder Kimchi gezaubert. Da das Ganze außerdem auch noch sehr gesund ist, sollten Sie unbedingt einen Versuch wagen!

Diese als Dillgurken bekannte Variante der Gewürzgurken wird auf die traditionelle jüdische Weise zubereitet und ist in den klassischen wie auch in den hippen New Yorker Delis zu bekommen. Die Gurken werden dafür nicht wie oft üblich in Essig eingelegt, sondern mithilfe der Milchsäuregärung in Salzlake haltbar gemacht. Es gibt sie in den Varianten »full-sour« – dann sind sie vollständig fermentiert und sehr säuerlich – und »half-sour«, also nur halb so sauer, außerdem sind sie dann noch knackiger und hellgrün. Ich selbst mag sie am liebsten halbsauer, aber der Unterschied liegt nur in der Dauer – wer es saurer mag, lässt sie länger fermentieren. Die Lake wird mit der Zeit trüber und die Gurken dunkler.

Dillgurken

5 Einlegegurken
3 EL naturbelassenes Stein- oder Meersalz
1 l Wasser
4–5 Handvoll frisches Dillgrün
4 Knoblauchzehen, geschält, zerdrückt
1 EL schwarze Pfefferkörner
1 EL Koriandersamen

Ergibt 1 Einmachglas von 1 Liter

1. Die Gurken waschen und in eiskaltem Wasser 1 Stunde wässern.
2. Das Salz in 1 Liter Wasser unter Rühren vollständig auflösen.
3. So viele Gurken wie möglich in ein sauberes Einmachglas füllen. Das Dillgrün, den Knoblauch und die Koriandersamen dazwischen verteilen.
4. Nun so viel Salzwasser zugießen, dass die Gurken vollständig bedeckt sind. Die Gurken mit einem Teller beschweren, damit sie mit der Lake bedeckt bleiben. Das Glas mit dem Deckel verschließen und 1–7 Tage an einem dunklen Ort ziehen lassen.
5. Die Salzlake täglich probieren, um festzustellen, wann die Gurken die für Sie persönlich richtige Säure haben. Sobald dies der Fall ist, das Glas in den Kühlschrank stellen. Je länger die Gurken gären, desto saurer werden sie. Mir schmecken sie am besten nach 3 Tagen Fermentieren. Gekühlt sind sie etwa 1 Monat haltbar.

Sauerkraut ist eine knackig-frische, säuerliche und gesunde Beilage, hergestellt lediglich aus Weißkohl und Salz durch den Prozess der Milchsäuregärung und die Mitwirkung förderlicher Bakterien. Abgesehen davon, dass diese Bakterien gut für die Darmgesundheit und das Immunsystem sind, liefert Sauerkraut auch noch eine Menge Vitamine und Mineralstoffe. Es gibt für die Herstellung von Sauerkraut spezielle Gärtöpfe, aber in meinen Augen reichen die Utensilien, die man zu Hause hat, insbesondere für die ersten Versuche vollkommen aus. Dieses Sauerkraut schmeckt toll zu einem Hotdog, hier gewürzt mit Umami-Ketchup (Seite 77) und eingelegten Senfkörnern (Seite 85).

Sauerkraut

1 kg Weißkohl
1½ EL Meersalz
1 TL Kümmelsamen

Ergibt 1 Einmachglas (1 Liter)

1. Die äußeren Blätter vom Kohlkopf entfernen und beiseitelegen. (Sie werden später gebraucht, um das Sauerkraut im Topf zusammenzupressen.) Den Kohl mit einem Gemüsehobel fein hobeln (oder mit einem scharfen Messer in sehr feine Streifen schneiden) und in eine Schüssel geben.
2. Das Salz dazugeben und alles mit den Händen 15 Minuten kräftig durchkneten, sodass reichlich Flüssigkeit aus dem Kohl austritt. Wenn so viel Flüssigkeit vorhanden ist, dass der Kohl vollständig damit bedeckt werden kann, haben Sie besonders gründlich geknetet.
3. Sobald der Kohl sich schlaffer anfühlt und Wasser verliert, die Kümmelsamen untermischen. Nun ein großes, sehr gründlich gereinigtes Gefäß bis etwa zur Hälfte mit Kraut füllen und das Kraut mit den Händen kräftig nach unten drücken, um alle Lufteinschlüsse zu entfernen. Dann das restliche Kraut zugeben; das Glas jedoch nur bis einige Zentimeter unterhalb des Rands füllen. Es ist wichtig, dass der Kohl vollständig mit seiner eigenen Salzlake bedeckt ist. Das Kraut nun mit den beiseitegelegten äußeren Kohlblättern abdecken, damit es in der Lake bleibt, und dann nochmals kräftig nach unten drücken, damit noch vorhandene Lufteinschlüsse entweichen. Zum Beschweren einen passenden Gefrierbeutel mit Wasser füllen, fest verschließen und auf die Kohlblätter legen. Zum Schluss den Deckel auflegen.
4. Bei Zimmertemperatur 2 Wochen ziehen lassen (nicht dem direkten Sonnenlicht aussetzen). Zwischendurch alle paar Tage kosten, bis das Kraut den gewünschten Geschmack hat. Wenn es saurer sein soll, einfach noch etwas länger bei Zimmertemperatur gären lassen. Das fertige Sauerkraut in ein oder mehrere kleinere Gefäße umfüllen und kalt stellen. Im Kühlschrank hält sich Sauerkraut bis zu 6 Monate.

Hotdog mit Sauerkraut, gewürzt mit Umami-Ketchup (Seite 77) und eingelegten Senfkörnern (Seite 85)

Sauerkraut-Variationen

Nach dem Grundrezept hier einige Vorschläge, die für Abwechslung auf dem Speiseplan sorgen. Lassen Sie Ihrer Kreativität freien Lauf und probieren Sie selbst aus, welche Würzzutaten gut zusammenpassen!

Ingwer-Zitronen-Kraut
Nach dem Kneten des Krauts 1 geriebene Karotte, 1 Stück geriebenen Ingwer (3 cm), 1 EL schwarze Sesamsamen und den Saft von ½ Zitrone zugeben.

Jalapeño-Kraut
Anstelle von Weißkohl Rotkohl verwenden und nach dem Kneten 2 in Ringe geschnittene Jalapeño-Chilis dazugeben.

SAUERKRAUT-TIPPS

Sollte die Flüssigkeit nicht ausreichen, um das Kraut komplett zu bedecken, geben Sie 2-prozentige Salzlake zum Kraut. Dazu 1 EL Salz in 1 Liter Wasser auflösen. So viel Lake zugießen, bis das Kraut vollständig bedeckt ist.

Sollte sich auf der Oberfläche Schimmel oder Schmiere bilden, diese einfach abschöpfen. Das in der Flüssigkeit befindliche Sauerkraut kann dank der vorhandenen Milchsäure keinen Schaden nehmen.

Das Gärgefäß auf einen Teller stellen, um eventuell überschwappende Flüssigkeit aufzufangen.

Von oben nach unten: Sauerkraut (Seite 60), Jalapeño-Kraut und Ingwer-Zitronen-Kraut

KIMCHI

Ich weiß noch genau, wann ich zum allerersten Mal Kimchi gegessen habe – es war auf einem Flug über Seoul nach Sydney, wo es zu Bibimbap, einem klassischen koreanischen Reisgericht, gereicht wurde. Sein Geschmack war umwerfend. Nie zuvor hatte ich etwas Vergleichbares gegessen: süß, salzig, säuerlich, pikant, würzig – schlichtweg großartig. Damals fing ich an, selbst mit Kimchi zu experimentieren.

Werde ich gefragt, was Kimchi eigentlich ist, antworte ich gewöhnlich: »Eine Art koreanisches Sauerkraut.« Es ist tatsächlich ein milchsauer eingelegtes Gemüse, und die gebräuchlichste Version ist die mit Chinakohl. Aber man kann aus fast allem Kimchi herstellen: Rosenkohlröschen, Rettich, Grünkohl, Birnen … Halten Sie sich einfach an die Gemüsesorten der Saison und experimentieren Sie so lange, bis Sie Ihre Lieblingskombination gefunden haben.

Kimchi schmeckt wunderbar pur direkt aus dem Glas. Aber man kann es auch als Beilage reichen oder als Zutat für Gerichte verwenden, wie beispielsweise für die Kimchi-Chilisauce (Seite 74), Kimchi-Butter (Seite 82), Kimchi-Hollandaise (Seite 79) oder ein Kimchi-Sandwich (Seite 121).

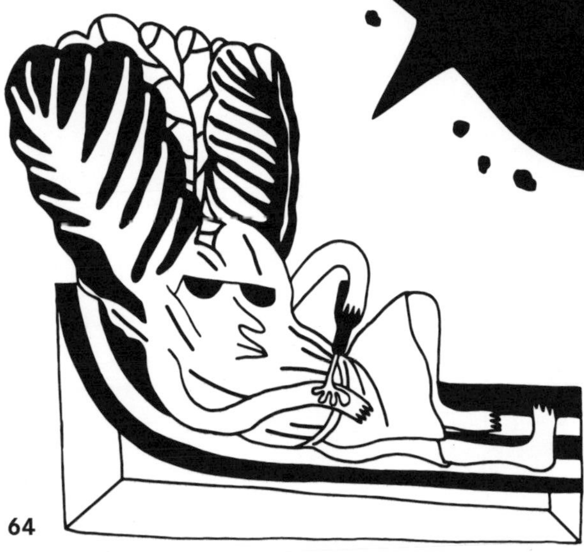

Von oben nach unten:
Sesam-Kimchi (Seite 71),
Daikon-Kimchi (Seite 66),
Chinakohl-Kimchi (Seite 68),
Grünkohl-Kimchi (Seite 69)

Daikon-Kimchi

1 Daikon-Rettich, 1 cm groß gewürfelt
1 EL Meersalz
2 EL Rohzucker
2 Knoblauchzehen, geschält, zerdrückt
1 daumengroßes Stück frischer Ingwer, geschält, gerieben
3½ EL Gochugaru (koreanisches Chilipulver)
2 EL Fischsauce
2 TL Meersalz

Ergibt 1 Einmachglas von ½ Liter

1 Die Daikonwürfel in eine große Schüssel geben und sorgfältig mit 1 EL Salz und 1 EL Zucker vermengen. In einem Sieb über eine Schüssel hängen und 20 Minuten ziehen lassen.
2 Mit den Händen alle überschüssige Flüssigkeit aus dem Daikon in die Schüssel drücken.
3 In einer zweiten Schüssel die restlichen Zutaten mit 2 EL des gewonnenen Daikonsafts verquirlen. Dann den Daikon zugeben und alles gut vermengen.
4 Den Daikon in ein sauberes Einmachglas oder Kunststoffgefäß füllen und fest nach unten drücken. Mit dem Deckel verschließen und vor dem Verzehr im Kühlschrank mindestens 4 Tage durchziehen lassen.

Die am weitesten verbreitete Kimchi-Art ist die aus Chinakohl. Einige traditionelle Rezepte enthalten Mehl als Bindemittel – ich habe hier Reismehl verwendet.

Chinakohl-Kimchi

2 große Köpfe Chinakohl à 600–700 g
130 g Meersalz
45 g Klebreismehl
50 g Rohzucker
750 ml Wasser
1 Karotte, gerieben
½ Daikon-Rettich, gerieben
1 daumengroßes Stück frischer Ingwer, geschält, gerieben
10 Frühlingszwiebeln, grob gehackt
1 mittelgroße Zwiebel, grob gehackt
10 Knoblauchzehen, geschält
150 g Gochugaru (koreanisches Chilipulver)
70 ml Fischsauce

Ergibt 1½ kg

1. Den Chinakohl gründlich waschen und abtropfen lassen. Beschädigte Außenblätter wegwerfen. Den Chinakohl vierteln und den Strunk entfernen.
2. 5 Liter Wasser in einen großen Kunststoffbehälter gießen und das Salz darin unter Rühren vollständig auflösen. Die Kohlviertel hineinlegen und zugedeckt bei Zimmertemperatur über Nacht ziehen lassen.
3. Den Kohl abtropfen lassen und in 2 cm breite Streifen schneiden. Mit der geriebenen Karotte und dem Daikon in eine Schüssel geben.
4. In einem großen Topf das Reismehl und den Zucker mit den 750 ml Wasser verrühren und zum Kochen bringen. Dann auf der niedrigsten Stufe unter gelegentlichem Umrühren einige Minuten köcheln lassen, bis die Mischung eindickt. Vom Herd nehmen und abkühlen lassen.
5. Den Ingwer, die Zwiebeln und den Knoblauch mit Gochugaru und Fischsauce im Blitzhacker oder Mixer pürieren, in eine große Schüssel geben und den Mehlbrei daruntermischen.
6. Die Kohlmischung zugeben, Einmalhandschuhe anziehen und alles mit den Händen gründlich vermengen.
7. Das Kimchi in ein sauberes Kunststoffgefäß füllen und zugedeckt bei Zimmertemperatur 24 Stunden ziehen lassen. Das Kimchi ist nach 4–5 Tagen zum Verzehr bereit und nach etwa 2 Wochen perfekt im Geschmack. Man kann es selbstverständlich auch danach noch verzehren – wie alle Kimchis wird es mit der Zeit immer besser. Es hält sich bis zu 1 Monat.

Grünkohl-Kimchi

2 TL Meersalz
250 ml Wasser
500 g Grünkohl, Stiele entfernt, Blätter in 1 cm breite Streifen geschnitten
1 Karotte, gerieben
1 Apfel, gerieben
2 Frühlingszwiebeln, geputzt, fein gehackt
50 g Klebreismehl
25 g Rohzucker
125 ml Wasser
1 Stück Ingwer (2 cm), geschält, gerieben
4 Knoblauchzehen, geschält
1½ EL Gochugaru (koreanisches Chilipulver)
20 ml Fischsauce

Ergibt 600 g

1. In einer großen Schüssel oder einem Kunststoffbehälter das Salz in 250 ml Wasser unter Rühren auflösen.
2. Den geschnittenen Grünkohl in das Salzwasser geben und alles gut vermengen. Zudecken und bei Zimmertemperatur über Nacht ruhen lassen.
3. Am folgenden Tag den Grünkohl abgießen und mit Karotte, Apfel und Frühlingszwiebeln mischen.
4. In einem Topf das Reismehl und den Zucker mit 125 ml Wasser verrühren und zum Kochen bringen. Dann auf der niedrigsten Stufe unter gelegentlichem Umrühren einige Minuten köcheln lassen, bis die Mischung eindickt. Vom Herd nehmen und abkühlen lassen.
5. Den Ingwer und den Knoblauch mit Gochugaru und Fischsauce in einer großen Schüssel verrühren, dann den Mehlbrei daruntermischen.
6. Die Kohlmischung dazugeben, Einmalhandschuhe anziehen und alles mit den Händen gründlich vermengen.
7. Das Kimchi in ein sauberes Kunststoffgefäß füllen und zugedeckt bei Zimmertemperatur 24 Stunden ziehen lassen. Es ist nach 3–4 Tagen zum Verzehr bereit und hält sich im Kühlschrank bis zu 1 Woche.

Zur Beschleunigung der Gärung von Kimchi werden häufig salzig eingelegte Garnelen oder Fischsauce hinzugegeben. Wir, das Team von F.A.T, haben dieses Chinakohl-Kimchi für unsere Veranstaltungen und Pop-ups entwickelt und dort zum Beispiel in Form von Kimchi-Quesadillas serviert, die super Anklang fanden. Da wir nie ein besonders großes Angebot für Vegetarier hatten (bis auf hausgemachte Pickles natürlich), haben wir beschlossen, die fischigen Zutaten wie gesalzene Garnelen und Fischsauce durch Sesamöl, Sesamsamen und zusätzliche Sojasauce zu ersetzen, was hervorragend funktioniert und die Umami-Note noch verstärkt.

F.A.T-Sesam-Kimchi

2 große Köpfe Chinakohl à 600–700 g
2 EL Meersalz
2 EL Rohzucker
100 g Rohzucker
3 ½ EL Gochugaru (koreanisches Chilipulver)
3 Knoblauchzehen, geschält, zerdrückt oder fein gehackt
1 daumengroßes Stück frischer Ingwer, geschält, gerieben
60 ml helle Sojasauce
50 ml Sesamöl
5 Frühlingszwiebeln, fein gehackt
3 EL Sesamsamen

Ergibt 1 ½ kg

1. Den Chinakohl gründlich waschen und beschädigte Außenblätter wegwerfen. Den Chinakohl längs vierteln und dann quer in etwa 1 cm breite Streifen schneiden.
2. Die Kohlstreifen in ein großes Kunststoffgefäß geben und mit dem Salz und 2 EL Zucker gründlich vermengen. Den Behälter mit dem Deckel verschließen und 24 Stunden in den Kühlschrank stellen.
3. Den Kohl am besten bereits 1 Stunde vor der Weiterverarbeitung aus dem Kühlschrank nehmen. Jeweils eine Handvoll Kohl nehmen und daraus so viel Flüssigkeit wie möglich ausdrücken.
4. In einer zweiten Schüssel oder einem Kunststoffgefäß die 100 g Zucker mit Gochugaru, Knoblauch und Ingwer gut vermischen. Falls die Mischung zu dickflüssig ist, etwas Wasser zugeben, dann die Sojasauce und das Sesamöl einrühren.
5. Den Kohl, die Frühlingszwiebeln und die Sesamsamen zur Gochugaru-Mischung geben und mit den Händen (wer mag mit Einmalhandschuhen) alles sehr gründlich vermengen, sodass die Paste auf den Kohlstreifen gut verteilt ist.
6. Die Kohlmischung wieder in das Kunststoffgefäß füllen, mit dem Deckel verschließen und im Kühlschrank lagern. Das Kimchi ist nach 1 Woche zum Verzehr bereit, entwickelt aber erst nach 2 Wochen seinen vollen Geschmack. Nach 2 Wochen kann die Fermentierung auch fortgesetzt werden; es wird mit der Zeit nur besser und hält sich bis zu 1 Monat.

HOT!

SAUCEN

»Weißt du, was die in Holland anstelle von Ketchup auf die Pommes tun?«

»Was?«

»Mayonnaise.«

»Iiiiih, ist das eklig!«

»Hab ich selbst gesehen, Mann, die ersäufen die in der Tunke!«

Vincent Vega und Jules Winnfield in *Pulp Fiction*

Ich bin Holländerin und, ja, ich tue Sauce auf alles. Ein Freund hat mal gesagt, wir Holländer würden Pommes einfach als Vehikel nutzen, um so viel Sauce wie möglich zu essen. Ich weiß nicht, was daran falsch sein sollte.

Inspiriert von meinen Lieblings-Chilisaucen, darunter auch die thailändische Sriracha-Sauce und die mexikanisch-kalifornische Tapatio, entstand diese Kimchi-Chilisauce als Mischung aus dem Sesam-Kimchi von Seite 71 und einer rauchig-würzigen Chilisauce. Dafür braucht es ein wenig Geduld, denn nicht nur die Zubereitung, auch die Fermentierung dauert eine Weile. Aber wenn sie fertig ist, will man sie zu einfach allem essen. Und man könnte glatt verzweifeln, wenn keine mehr da ist. Sie passt sehr gut zu Rührei, Schweinefleisch, Tacos, Brathähnchen, Pizza ... – einfach zu allem.

F.A.T-Kimchi-Chilisauce

500 g scharfe rote Chilischoten (z. B. eine Mischung aus Jalapeños, Habaneros und anderen roten Chilis)
2 weiße Zwiebeln, geschält
2 Knoblauchzehen, geschält
2 TL Pflanzenöl
1 TL Meersalz
750 ml Wasser
500 ml Reisessig
125 ml Honig

250 g Sesam-Kimchi (Seite 71)

Ergibt 2 Einmachgläser von je 250 ml

Rote Chilisauce

1 Den Backofen auf 180 Grad vorheizen.
2 Einmalhandschuhe anziehen, die Chilischoten gründlich waschen und die Stiele entfernen. Die kleinen Dinger sind sehr scharf; daher Augen (und andere Körperteile) vor dem Kontakt schützen.
3 Die Hälfte der Chilischoten mit 1 Zwiebel und 1 Knoblauchzehe auf ein Backblech geben und im Ofen 40 Minuten rösten, bis die Haut der Chilis schwarz ist. Dann herausnehmen und auf Zimmertemperatur abkühlen lassen.
4 Die restlichen Chilischoten, die Zwiebel und die Knoblauchzehe würfeln und mit Öl und Salz in einer Pfanne mit schwerem Boden 5 Minuten anbraten. Das Wasser dazugießen und weitere 60 Minuten garen, bis die Chilischoten weich sind. Abkühlen lassen.
5 Beide Chilimischungen in den Blitzhacker oder Mixer geben, langsam den Essig und den Honig zugießen und alles zu einer glatten Sauce verarbeiten.
6 In ein sauberes Gefäß füllen und zugedeckt kühl stellen. Die vollständig abgekühlte Sauce falls nötig nochmals mit Salz oder Honig abschmecken. Vor dem Verzehr bzw. der Weiterverwendung 2 Wochen im Kühlschrank ruhen lassen. Die Sauce kann direkt verwendet oder aber zu Kimchi-Chilisauce weiterverarbeitet werden.

Kimchi-Chilisauce

1 Das Kimchi und die Chilisauce sollten mindestens 2 Wochen durchgezogen sein.
2 Das Kimchi pürieren. Mit der Roten Chilisauce in eine große Schüssel geben und alles gut vermengen.
3 Die Sauce in eine sterilisierte Glasflasche füllen und im Kühlschrank aufbewahren. Innerhalb von 2 Wochen verzehren.

F·A·T
LONDON
KIMCHI HOT SAUCE
made in clapton

Jeder kennt und liebt »Heinz-Tomatenketchup«. Viele wissen aber nicht, dass Ketchup eigentlich aus Asien stammt. Dort wurde er *kecap* und *ketjap* genannt und war eine fermentierte Fischsauce, die von holländischen Händlern nach Europa gebracht und in verschiedenen Geschmacksrichtungen, als Pilz-Ketchup und irgendwann dann als Tomatenketchup weiterentwickelt wurde. Wer den vollmundigen Umami-Geschmack liebt, sollte unbedingt dieses Rezept mit Sardellen, Pilzen und Sojasauce ausprobieren. Diese Zutaten verleihen den besonderen Extrakick.

Umami-Ketchup

3 EL Olivenöl
1 weiße Zwiebel, gehackt
800 g Tomaten aus der Dose
1½ EL Tomatenmark
125 ml Apfelessig
90 g Rohrohrzucker
1 TL Meersalz
1 Prise Chiliflocken
3 Sardellen, in Olivenöl eingelegt, abgetropft
2 TL helle Sojasauce
2 EL Pilzpulver
1 TL Austernsauce
2 TL Worcestersauce
Meersalz und frisch gemahlener schwarzer Pfeffer

Ergibt 4 Einmachgläser von je 300 ml

1 Das Olivenöl in einem großen Topf erhitzen, die Zwiebel darin auf niedriger Stufe 20 Minuten weich garen.

2 In der Zwischenzeit die Dosentomaten im Mixer pürieren. Zu den Zwiebeln geben und bei schwacher Hitze weitere 15 Minuten garen.

3 Tomatenmark, Essig, Zucker, Salz und Chiliflocken zugeben und bei schwacher Hitze 1 Stunde weitergaren.

4 Sardellen, Sojasauce, Pilzpulver, Austernsauce und Worcestersauce unterrühren. Den Topf von der Herdplatte nehmen und die Sauce erkalten lassen. Dann die Mischung im Mixer so glatt wie möglich pürieren. Abschmecken und würzen.

5 In sterilisierte Glasflaschen oder Einmachgläser füllen, fest verschließen und vollständig abkühlen lassen. Das Ketchup hält sich im Kühlschrank bis zu 2 Wochen. Es ist zum Verzehr bereit, sobald er abgekühlt ist, die Aromen entfalten sich aber erst nach einigen Tagen vollständig. Mir schmeckt es daher nach 4–5 Tagen am besten.

Inspirationsquelle für dieses Chiliöl war die berühmte *Lao Gan Ma*-Chilisauce mit dem Bild einer älteren Dame auf dem Flaschenetikett, die man weltweit in Asienläden finden kann. Ich dachte mir, dass diese Sauce hausgemacht und ohne Fertigprodukte noch viel besser schmecken würde, und habe sie zudem ergänzt durch ein paar mexikanische Chilischoten, die ich von meinen Reisen mitgebracht hatte. Sie passt wunderbar zu Reis, Nudeln und asiatischen Gerichten, die einen kleinen Extrakick benötigen. Wenn bei mir zu Hause Fleischklöße auf dem Speiseplan stehen, gibt es dazu genau diese Sauce, gemischt mit schwarzem Reisessig. Auch zu meiner absoluten Leibspeise, den Dan-Dan-Nudeln (Seite 100), schmeckt sie fantastisch.

Szechuan-Chiliöl

2 EL Kreuzkümmelsamen
175 g Szechuanpfeffer
150 g fermentierte schwarze Bohnen, grob zerkleinert
3 EL zerdrückter Knoblauch
100 g Gochugaru (koreanisches Chilipulver)
500 ml Sonnenblumenöl
4 Schalotten, fein gehackt
1 daumengroßes Stück frischer Ingwer, gerieben
250 ml Sesamöl
100 g getrocknete Chilischoten (Chile de Arbol, Aguajillo, Chipotle oder getrocknete scharfe rote Chilischoten nach Wahl)
220 g Rohzucker
1 TL Meersalz

Ergibt 4 Einmachgläser von je 300 ml

1 Die Kreuzkümmelsamen und den Szechuanpfeffer in einer trockenen Pfanne auf niedriger Stufe rösten, bis es gut duftet. Vom Herd nehmen und im Mörser oder in einer Kaffee- oder Gewürzmühle fein mahlen.

2 Die fermentierten schwarzen Bohnen, den Knoblauch, das Chilipulver, die gemahlenen Kreuzkümmelsamen und den Szechuanpfeffer in dieser Reihenfolge in ein erwärmtes sterilisiertes Einmachglas füllen.

3 Das Sonnenblumenöl in einem Topf auf mittlerer bis hoher Stufe erhitzen, bis sich Bläschen bilden (aber nicht aufkochen lassen). Die Schalotten und den Ingwer zugeben und knusprig goldbraun braten. Sofort von der Herdplatte nehmen (sie dürfen auf keinen Fall verbrennen) und das heiße Öl mit dem Ingwer und den Schalotten über die Gewürze und die schwarzen Bohnen in dem Einmachglas gießen. Alles gut verrühren.

4 Nun in derselben Pfanne das Sesamöl auf mittlerer bis hoher Stufe erhitzen. Die getrockneten Chilischoten zugeben und 10 Minuten weich garen.

5 Den Zucker und das Salz dazugeben und unter Rühren vollständig auflösen. Von der Herdplatte nehmen und abkühlen lassen.

6 Die abgekühlten Chilischoten samt Öl im Blitzhacker oder Mixer zu einer Paste pürieren. In das Einmachglas geben und einmal kurz umrühren. Mit dem Deckel verschließen und abkühlen lassen. Das Chiliöl kann nach 3–4 Tagen verwendet werden. Es hält sich im Kühlschrank bis zu 6 Wochen, muss aber nicht im Kühlschrank aufbewahrt werden.

Keine Panik! Bis jetzt war alles in diesem Buch doch ziemlich einfach. Die Rezepte sind alle so konzipiert, dass im Grunde genommen nichts schiefgehen kann. Bereits der Gedanke, sich an eine Hollandaise zu wagen, bringt einige Leute allerdings ins Schwitzen, und ja, auch bei mir sind schon viele Saucen klumpig geworden oder geronnen. Wenn es nicht funktioniert, muss man es einfach nochmal probieren. Es lohnt sich! Zum Frühstück mit Eiern Benedict – himmlisch!

Kimchi-Hollandaise

1 EL Sesam-Kimchi (Seite 71)
2 mittelgroße Eigelb
1 Prise Meersalz
1 Prise Gochugaru (koreanisches Chilipulver)
125 g Butter, geschmolzen
Zitronensaft oder Weißwein (optional)

Ergibt 4 Portionen

1. Das Sesam-Kimchi mit 1 EL seiner Flüssigkeit im Mixer oder Blitzhacker so glatt wie möglich pürieren. Durch ein Sieb in eine Schüssel passieren, sodass eine glatte, dünnflüssige Sauce übrigbleibt.
2. Die Eigelbe in eine Schüssel geben und die Schüssel auf einen Topf mit köchelndem Wasser stellen. Darauf achten, dass die Schüssel das Wasser nicht berührt.
3. Die Kimchi-Sauce, 1 Prise Meersalz und 1 Prise Gochugaru-Chilipulver zugeben und mit dem Schneebesen alles gut verquirlen.
4. Bei schwacher Hitze nach und nach die geschmolzene Butter darunterquirlen. Das Ergebnis sollte eine glatte, dickflüssige Sauce sein. Falls nötig mit wenig Zitronensaft oder Weißweinessig auflockern. Beginnt die Masse zu gerinnen, einen Eiswürfel zugeben und erneut kräftig mit dem Schneebesen verrühren. Sofort servieren. Sie haben es geschafft! (Hoffentlich.)

Für mich ist dieser Dip ein aufgepepptes Buttermilch-Dressing mit Käse. Er schmeckt hervorragend zu Pickles, vor allem zu den eingelegten Nashi-Birnen und den Fenchel-Pickles (Seite 31), den Bourbon-Okra-Pickles (Seite 32), Eingelegten Gurken (Seite 17), Orangenblüten-Karotten (Seite 43) und Rosenblüten-Radieschen (Seite 43).

Stilton-Dip

200 ml Buttermilch
200 g Sauerrahm (saure Sahne)
100 g Stilton oder anderer Blauschimmelkäse, zerkrümelt
1 TL Mayonnaise
1 TL Tahini
4 EL Pickles nach Wahl, sehr fein gehackt (z. B. Bourbon-Okra-Pickles, Seite 32, oder eingelegte Jalapeños, Seite 119)
1 EL Zitronensaft
1 Spritzer Sriracha-Sauce (Seite 86)
Meersalz und frisch gemahlener schwarzer Pfeffer

Olivenöl zum Beträufeln
Schnittlauch und Sesamsamen zum Garnieren

Ergibt 300 ml

1 Buttermilch, Sauerrahm und Stilton zusammen mit allen weiteren Zutaten in eine Schüssel geben und zu einem glatten Dip verquirlen.
2 Abschmecken und nach Geschmack mit Salz und Pfeffer nachwürzen.
3 Den Dip mit etwas Olivenöl beträufeln und mit Schnittlauch sowie Sesamsamen garnieren.

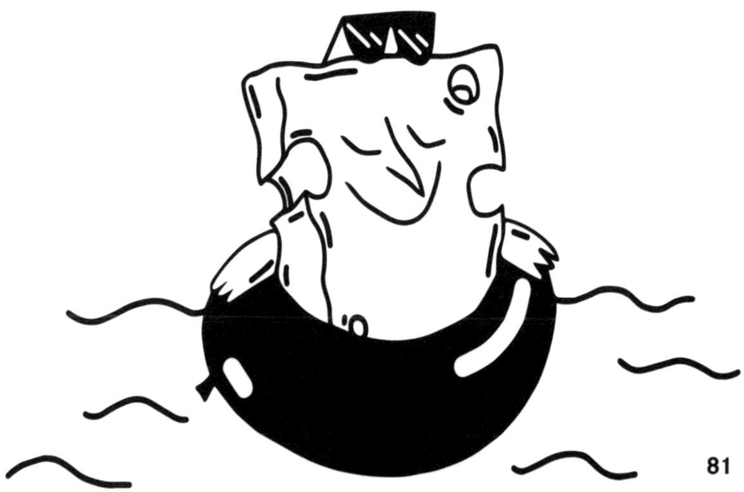

Genau genommen ist dies natürlich keine Sauce. Diese würzige Butter schmeckt ausgezeichnet auf gegrillten Maiskolben oder einem Steak. Und beim Zubereiten von Rühreiern kann man sie anstelle von normaler Butter verwenden, um zusätzlich Aroma zu geben. Gerne streiche ich auch eine dicke Schicht Kimchi-Butter auf getoastetes Fladenbrot und reiche dazu einige Pickles und ein Bier – schmeckt einfach umwerfend gut.

Kimchi-Butter

4 EL Sesam-Kimchi (Seite 71)
90 g gesalzene Butter, zimmerwarm
½ EL weiße Misopaste

Ergibt 100 g

1. Das Sesam-Kimchi im Mixer oder Blitzhacker glatt pürieren. In ein Passiertuch füllen und die gesamte Flüssigkeit herausdrücken.
2. Die Butter schaumig rühren, dann die Misopaste und das Kimchi darunterquirlen, bis alles gut vermengt und luftig-locker ist.
3. Die Butter in ein Kunststoffgefäß füllen oder zu einem Block formen und in Frischhaltefolie wickeln.
4. Vor dem Verzehr 1 Stunde kühl stellen. Die Butter hält sich im Kühlschrank bis zu 1 Woche.

Würzig eingelegte Körner geben vielen Gerichten Textur und Pep. Sie passen hervorragend auf eine Wurstplatte, zu Fleischpasteten oder einem Schinkenbrot – und platzen im Mund wie Kaviar!

Eingelegte Senfkörner

7 EL gelbe Senfkörner
250 ml Holunderessig
125 ml Wasser
4 EL Rohzucker
2 EL Meersalz

Ergibt 1 Einmachglas von 300 ml

1 Die Senfkörner in einer trockenen Pfanne rösten, bis sie duften. Herausnehmen und abkühlen lassen.
2 Den Essig und das Wasser mit Zucker und Salz in einem Topf verrühren und auf hoher Stufe zum Kochen bringen. Die Hitzezufuhr reduzieren, die Senfkörner zugeben und 1 Stunde leise köcheln lassen, bis die Körner durch die aufgenommene Flüssigkeit allmählich aufzuquellen beginnen. Falls zu viel Flüssigkeit verkocht, einfach etwas Wasser nachgießen, sodass die Körner bedeckt sind.
3 Den Topf vom Herd nehmen und die Mischung auf Zimmertemperatur abkühlen lassen. Dann in ein sauberes Einmachglas oder Kunststoffgefäß füllen, verschließen und im Kühlschrank lagern. Die eingelegten Senfkörner sind nach 3 Tagen zum Verzehr bereit und halten sich im Kühlschrank bis zu 1 Monat.

Die italienische Spezialität *Mostarda di frutta* ist eine konfitüreartige Mischung aus kandierten Früchten und Senfsirup. Hier meine eigene Interpretation davon: ein fruchtig-süßer, aber würziger Senf, der ausgezeichnet zu Würstchen und Schweinshaxe schmeckt, aber auch zu allen anderen Gerichten, zu denen man normalerweise gekauften Senf servieren würde.

Reineclaudensenf

4½ EL eingelegte Senfkörner (siehe oben), abgetropft
2 EL Apfelessig
3 TL Englisches Senfpulver
50 g Rohzucker
5 Kardamom-Reineclauden-Pickles (Seite 36)
1 Prise Meersalz

Ergibt 1 Einmachglas von 300 ml

1 Die eingelegten Senfkörner und den Essig im Blitzhacker oder in einer Küchenmaschine glatt pürieren.
2 Bei laufendem Motor das Senfpulver, den Zucker und die Reineclauden zugeben und mitpürieren, dabei 1 EL Wasser zugeben.
3 Abschmecken und die Konsistenz prüfen; sie sollte senfähnlich sein. Falls nötig noch Salz und etwas Wasser zugeben.
4 Den Senf in ein sauberes Einmachglas oder Kunststoffgefäß füllen, verschließen und im Kühlschrank lagern. Der Senf kann sofort verwendet werden und hält sich im Kühlschrank bis zu 1 Woche.

Ich weiß, was Sie denken. Warum um alles in der Welt sollte man seine eigene Sriracha-Sauce zubereiten, wenn es eine so fantastische Version wie die von Huy Fong Foods zu kaufen gibt? Nun, die Antwort ist denkbar einfach. Weil sie wirklich kinderleicht zuzubereiten ist und wunderbar schmeckt. Außerdem sind Sie so für den Ernstfall gewappnet, falls die Firma Huy Fong tatsächlich irgendwann schließen sollte, wie früher schon mal das Gerücht ging. Hier also mein Rezept für eine hausgemachte Version.

Hausgemachte Sriracha-Sauce

500 g rote Jalapeños
200 g rote Thai-Chilischoten
100 g rote Scotch-Bonnet-Chilischoten
6 Knoblauchzehen, geschält
45 g heller Rohzucker
1 EL Meersalz
125 ml Wasser
125 ml Reisessig

Ergibt 1 Einmachglas oder 1 Flasche von 300 ml

1 Einmalhandschuhe anziehen, die Chilischoten gründlich waschen und sämtliche Stiele entfernen. Die kleinen Dinger sind sehr scharf; daher Augen (und andere Körperteile) vor dem Kontakt schützen.
2 Chilischoten, Knoblauch, Zucker, Salz und Wasser in den Blitzhacker oder die Küchenmaschine geben und glatt pürieren.
3 Das Püree in ein sauberes Einmachglas füllen, mit einem Musslintuch abdecken und dieses mit einer Schnur fixieren. Für den Fall, dass beim Fermentierprozess etwas von der Mischung überläuft, das Glas auf einen Teller stellen. Bei Zimmertemperatur 5 Tage fermentieren lassen.
4 Die fermentierte Chilimischung zusammen mit dem Essig im Mixer glatt pürieren. Anschließend durch ein feines Sieb in einen Topf passieren; dabei mit der Rückseite eines Löffels durch das Sieb streichen. Mark und Samen bleiben im Sieb; es entsteht eine ganz glatte, allerdings noch ziemlich dünnflüssige Sauce. Das Mark kann für ein selbst gemachtes Chiliöl weiterverwendet werden (siehe Tipp unten).
5 Die Sauce auf mittlerer bis hoher Stufe aufkochen, dann bei schwacher Hitze 30 Minuten köcheln lassen, bis sie die gewünschte Konsistenz hat. Aufsteigenden Schaum vorsichtig mit einem Löffel abschöpfen.
6 Vom Herd nehmen und auf Zimmertemperatur abkühlen lassen. In eine Flasche füllen und im Kühlschrank aufbewahren. Die Sauce hält sich im Kühlschrank einige Monate.

Diese Allround-Sauce peppt einfach alles auf! Für eine Sriracha-Mayonnaise 4 EL Mayonnaise mit 1 EL Sriracha-Sauce und 1–2 Spritzern Limettensaft verrühren.

Es lohnt sich, die Chilireste aufzubewahren. Mark und Samen in ein sauberes Glas geben, mit Olivenöl vollständig bedecken, und fertig ist ein tolles selbst gemachtes Chiliöl.

DIE REZEPTE

Inzwischen haben Sie vermutlich einige schöne Gläser voller Pickles, Saucen und Kimchis im Kühlschrank stehen und möchten nun gern wissen, was man alles damit machen kann – richtig? Daher stelle ich Ihnen hier einige meiner Lieblingsrezepte für Sandwiches, Tacos und Nudelgerichte vor, in denen all die leckeren Dinge zum Einsatz kommen.

Außerdem habe ich einige meiner Freunde und gleichgesinnte Pickles-Fans gebeten, ihre persönlichen Favoriten beizusteuern.

Jetzt ist es soweit: Bald werden Sie selbst Ihre Freunde und Bekannten für Pickles begeistern.

Die Niederländer spielen alljährlich geradezu verrückt, sobald es die ersten Matjesheringe, die *Hollandse Nieuwe*, gibt. Die Saison der jungen Heringe beginnt im Mai oder Juni, und dann sind sie buchstäblich an jeder Straßenecke zu haben.

Matjeshering

4 ganze Heringe, ausgenommen, geschuppt, Köpfe sowie Rogen entfernt
genug Meersalz, um die Heringe zu bedecken
¼ weiße Zwiebel, in feine Streifen geschnitten
1 Handvoll Amsterdamer Zwiebeln (siehe unten)

Ergibt 4 Portionen

1. Die Heringe 24 Stunden in das Gefrierfach legen. Auf diese Weise werden eventuelle Bakterien abgetötet.
2. Am nächsten Tag die Heringe unter fließendem kaltem Wasser abspülen und mit Küchenpapier trocken tupfen. In einen sauberen Behälter legen und so viel Salz auf die Heringe streuen, dass sie vollständig bedeckt sind. Zugedeckt mindestens 24 Stunden oder bis zu 3 oder 4 Tage kühl stellen.
3. Nun sollten die Heringe schön zart sein. Unter fließendem kaltem Wasser abspülen und einige Stunden in eine Schüssel mit kaltem Wasser legen. Das Wasser zwischendurch erneuern.
4. Vor dem Verzehr den Fisch filetieren und die Gräten entfernen.
5. Den Matjes mit den Zwiebelstreifen und den Amsterdamer Zwiebeln anrichten. So kann er 2 Tage aufbewahrt werden.

Diese hellgelben eingelegten Zwiebeln waren für mich als Kind der Hit. In jedem *frituur*, der holländischen Version der Imbissbude, standen große, mit diesen köstlichen Zwiebeln gefüllte Gläser im Regal.

Amsterdamer Zwiebeln

250 g eher kleine Zwiebeln
250 ml Weißweinessig
250 ml Apfelessig
6 Safranfäden
1 Lorbeerblatt
1 TL Senfkörner
2 EL Rohzucker
1 Prise Meersalz

Ergibt 1 Einmachglas von ½ Liter

1. Die Zwiebeln in einer großen Schüssel mit kochendem Wasser bedecken. 1 Minute ziehen lassen, dann abgießen, abkühlen lassen und schälen.
2. Die Zwiebeln in ein sauberes Einmachglas füllen.
3. Die beiden Essigsorten sowie alle weiteren Zutaten in einen Topf geben und aufkochen. Den heißen Essigsud sofort über die Zwiebeln gießen.
4. Abkühlen lassen und das Glas anschließend verschließen. Die Zwiebeln vor dem Verzehr 3 Wochen im Kühlschrank durchziehen lassen. Gekühlt halten sie sich bis zu 6 Monate.

Seit ihren Anfängen 2012 bei Kerb, einer von Londons ausgefallensten und besten Street-Food-Initiativen, haben es die taiwanesischen Street-Food-Künstler vom *BAO* weit gebracht. Nachdem sie auf verschiedenen Märkten unterwegs waren, betrieben sie schon bald mehr oder weniger durchgehend einen Stand im Londoner Viertel Hackney und eröffneten dann 2015 ein richtiges Restaurant. Sie bieten kleine taiwanesische Gerichte und natürlich unterschiedlich gefüllte »Baos«, eine Art taiwanesischer Burger. Ihre Spezialität ist das *Gua bao,* ein luftiges gedämpftes Hamburgerbrötchen, belegt mit geschmortem Schweinefleisch, Erdnusspulver, Koriander und eingelegten Senfblättern. Genuss pur – und gekaufte Hoisin-Sauce werden Sie hier vergeblich suchen.

Ich bin absolut beeindruckt, nicht nur vom Essen selbst, das für mich zu den interessantesten, kreativsten und leckersten Angeboten in London gehört, sondern auch davon, was sie in so kurzer Zeit auf die Beine gestellt haben. Weiter so! Hier stelle ich Ihnen ihr Rezept für Soja-Chilipickles vor, die auf frisch geöffneten Austern eine wahre Delikatesse sind.

Soja-Chilipickles mit Austern

vom Street-Food-Lokal BAO, London

6 EL Reisessig
120 ml Chinkiang-Essig (schwarzer Reisessig)
2 EL helle Sojasauce
12 Knoblauchzehen, sehr fein gehackt
½ EL Meersalz
1 EL Rohzucker
12 grüne Jalapeño-Chilis
frische Austern, geputzt, zum Servieren

Ergibt 1 Einmachglas von 300 ml

1. In einem Topf die beiden Essigsorten mit der Sojasauce, dem Knoblauch, Salz und Zucker auf niedriger Stufe verrühren, bis Salz und Zucker vollständig aufgelöst sind.
2. Die Jalapeños längs halbieren, die Samen entfernen und die Schoten fein hacken.
3. Die Jalapeños in die Essiglake einrühren und alles zusammen in ein sauberes Einmachglas füllen. Mit dem Deckel verschließen und über Nacht durchziehen lassen.
4. Am nächsten Tag die eingelegten Chilis mit etwas Sud auf frisch geöffnete Austern geben und genießen. Im Kühlschrank halten sich die eingelegten Chilis 1 Monat.

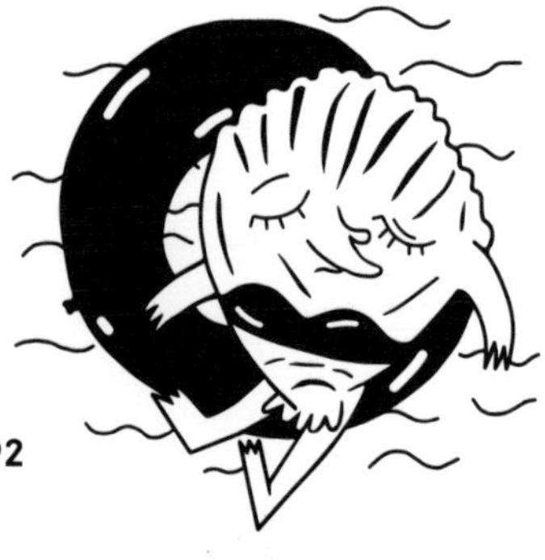

53 刈包專門

Diese kleinen Dinger schmecken schon als normale Pickles ziemlich gut, frittiert aber sind sie ein echter Hit. Sowieso schmeckt frittiert alles noch einmal besser, stimmt's? Ich reiche dazu gern einen Sauerrahm-Dip mit Raucharoma (siehe unten), aber sie schmecken auch super mit Kimchi-Chilisauce (Seite 74) oder Stilton-Dip (Seite 81). Ein toller Snack zu den »Picklebacks« von Seite 129.

Frittierte Bourbon-Okra-Pickles

200 g Bourbon-Okra-Pickles (Seite 32)
125 g Weizenmehl Type 405
300 ml Bier
1 mittelgroßes Ei, verquirlt
¼ TL Meersalz
¼ TL frisch gemahlener schwarzer Pfeffer
Pflanzenöl
zum Servieren Sauerrahm-Dip mit Raucharoma (siehe unten)

Ergibt 2–4 Portionen

1. Die Okras aus der Lake nehmen und auf Küchenpapier legen, damit sie vor dem Frittieren etwas Flüssigkeit verlieren.
2. Das Mehl mit dem Bier, dem Ei sowie Salz und Pfeffer in einen Gefrierbeutel geben und kräftig schütteln, bis alles gut vermischt ist. Die Okras in den Beutel geben und erneut gründlich schütteln, bis sie mit dem Teig rundum gut überzogen sind.
3. Das Frittieröl auf 180 Grad erhitzen (am besten mit Thermometer prüfen). Die Arbeitsfläche oder einen großen Teller mit Küchenpapier auslegen.
4. Die Okraschoten portionsweise im Fett goldgelb frittieren. Anschließend auf dem Küchenpapier abtropfen lassen. Sofort servieren und dazu einen Dip reichen.

Sauerrahm-Dip mit Raucharoma
Für einen köstlichen rauchigen Dip 10 Frühlingszwiebeln im 190 Grad heißen Backofen etwa 15 Minuten grillen, bis sie schwarze Flecken aufweisen (dazu wird kein Öl verwendet). Nun die Zwiebeln mit einem kräftigen Schuss Öl, einer Handvoll Koriandergrün und 1 Knoblauchzehe im Blitzhacker pürieren. Die Paste in eine Schüssel umfüllen und 200 g Sauerrahm, 1 EL Mayonnaise und nach Geschmack frisch gepressten Limettensaft unterrühren. Mit Salz und Pfeffer abschmecken.

EAT
LONDON

Besser kann ein Sandwich mit Fleischbällchen eigentlich gar nicht sein: Hackbällchen aus saftigem Schweinefleisch und Fenchel, eine üppige Tomatensauce, knackig-süße Fenchel-Pickles und dazu ein nussig-feines Pesto. Die Fleischbällchen und die Tomatensauce sind eine Abwandlung von Rezepten aus *The Frankies Spuntino Kitchen Companion & Cooking Manual,* dem Kochbuch des beliebten New Yorker Restaurants *Frankies Spuntino.*

Das ultimative Meatball-Sandwich

TOMATENSAUCE
125 ml Olivenöl
5 Knoblauchzehen, fein gehackt
800 g Tomaten aus der Dose, grob gehackt oder mit den Händen zerdrückt
1 TL Meersalz

HACKBÄLLCHEN
500 g Schweinehackfleisch
1 EL Fenchelsamen, geröstet
2 Knoblauchzehen, fein gehackt
1 mittelgroßes Ei
1 TL Meersalz
1 TL frisch gemahlener schwarzer Pfeffer
2 EL gehackte Rosinen
2 EL frisch geriebener Parmesan
1 Scheibe Weißbrot, in sehr kleine Stückchen gezupft

4 Scheiben Sauerteigbrot
Butter zum Bestreichen
Olivenöl zum Braten
Walnuss-Rucola-Pesto (Seite 98)
2 gute Handvoll Fenchel-Pickles (Seite 31)

Ergibt 2 Portionen

1 Für die Tomatensauce das Olivenöl in einem Topf erhitzen und den Knoblauch darin bei mittlerer Hitze einige Minuten anbraten, bis er duftet und goldgelb ist. Die Tomaten einschließlich Saft sowie das Salz dazugeben. 3–4 Stunden leise köcheln lassen, dabei gelegentlich umrühren.

2 Etwa 1 Stunde, bevor die Sauce fertig ist, die Hackbällchen zubereiten. Dazu die entsprechenden Zutaten in einer Schüssel gründlich vermengen.

3 Den Backofen auf 180 Grad vorheizen.

4 Aus der Hackfleischmischung golfballgroße Kugeln formen. Leicht flach drücken und auf ein mit Backpapier belegtes Backblech geben. Im Backofen 20 Minuten goldbraun backen.

5 Die Hackbällchen aus dem Ofen nehmen, in die Tomatensauce geben und etwa 20 Minuten darin köcheln lassen, bis sie ganz durchgegart sind.

6 Für die Sandwiches die Brotscheiben großzügig mit Butter bestreichen. 2 Brotscheiben mit der gebutterten Seite nach unten im Sandwichtoaster oder in wenig Öl in einer großen Pfanne mit schwerem Boden auf mittlerer Stufe anrösten.

7 Die Brotscheiben dann mit Walnuss-Rucola-Pesto, Fenchel-Pickles, Fleischklößchen und 2 zusätzlichen Löffeln Tomatensauce belegen, und zwar so, dass jeder Zentimeter Brot etwas Leckeres abbekommt. Die Sandwiches mit den beiden verbleibenden Brotscheiben, mit der gebutterten Seite nach oben, abdecken. Im Sandwichtoaster fest zusammendrücken, sodass nichts herausfällt, und fertig toasten. In der Pfanne ein Stück Alufolie oder Backpapier auf die Sandwiches legen und mit einer zweiten Pfanne oder einer Auflaufform beschweren (damit die Sandwiches gut zusammengedrückt werden). Bei mittlerer bis schwacher Hitze braten, bis die Sandwiches auf einer Seite goldbraun sind, dann wenden und von der anderen Seite ebenso braten. Sofort heiß servieren.

Dieses Pesto ist eine großartige nussigere und dazu preisgünstigere Alternative zum üblichen Pesto. Im Ultimativen Meatball-Sandwich von Seite 97 schmeckt es absolut klasse.

Walnuss-Rucola-Pesto

100 g Rucola, gewaschen, grob zerkleinert
2 Knoblauchzehen, geschält
1 kleine Handvoll Walnusskerne
1 kleine Handvoll frisch geriebener Parmesan
Saft von 1 Zitrone
Olivenöl extra vergine, nach Bedarf
Meersalz und frisch gemahlener schwarzer Pfeffer nach Geschmack

Ergibt 1 Einmachglas von 190 ml

1 Den Rucola mit Knoblauch, Walnusskernen, Parmesan sowie Zitronensaft im Blitzhacker zu einer groben Paste verarbeiten. Anschließend nach und nach Olivenöl dazugeben, bis die gewünschte Konsistenz erreicht ist. Ich mag es, wenn das Pesto ziemlich dickflüssig ist, besonders wenn ich es in einem Sandwich verwende – das Kleckerrisiko ist dann einfach geringer.

2 Das Pesto nach Belieben mit Salz und Pfeffer abschmecken und in ein sauberes Glas füllen. Die Oberfläche mit einer dünnen Schicht Olivenöl abdecken und luftdicht verschlossen bis zum Verzehr im Kühlschrank aufbewahren. So hält es sich bis zu 2 Monate.

The Great Chicken Wing Hunt ist ein nicht ganz ernst gemeinter Dokumentarfilm über eine Gruppe von Leuten in den USA, die sich aufgemacht haben, die besten »Buffalo Chicken Wings« der Welt ausfindig zu machen. An einer von mir ausgerichteten Veranstaltung zur Premiere des Films in England gab's Bier und Chicken Wings in Hülle und Fülle, dazu verschiedene Chilisaucen. Wir haben wohl tausend Chicken Wings zurechtgeschnitten, gebraten und in den verschiedenen Saucen eingelegt. Hier unsere F.A.T-Version, eine Art »All in one Buffalo Wing«, bei dem das obligatorische Blauschimmelkäse-Dressing und die Selleriestange bereits in der Sauce enthalten sind, sodass man nur noch reinbeißen muss.

F.A.T-Chicken Wings

12 Hähnchenflügel (Chicken Wings)
Pflanzenöl zum Frittieren
90 g Butter
125 ml Kimchi-Chilisauce (Seite 74)
1 EL Blauschimmelkäse (z.B. Stilton)
Selleriesalz nach Geschmack

Ergibt 2–4 Portionen

1. Von den Hähnchenflügeln die Spitzen abschneiden und wegwerfen, die Flügel im Gelenk teilen. In einer Fritteuse oder in einem großen Topf mit schwerem Boden reichlich Pflanzenöl auf 190 Grad erhitzen.
2. Wenn das Öl heiß ist, die Hähnchenflügel vorsichtig portionsweise in das Öl geben und in etwa 10 Minuten knusprig goldgelb frittieren. Die Flügel mit einem Schaumlöffel herausnehmen und auf Küchenpapier abtropfen lassen.
3. Die Butter in einem zweiten Topf bei schwacher Hitze schmelzen. Die Chilisauce, den Käse und das Selleriesalz dazugeben und unter gründlichem Rühren erhitzen.
4. Die Flügel in einer Schüssel anrichten, mit der Sauce begießen und gut vermengen. Sofort servieren.

Diese Nudeln sind das Gericht, das ich in den letzten Jahren am häufigsten zubereitet habe: mein absoluter Dauerbrenner in allen Lebenslagen. Es handelt sich im Grunde um eine asiatische Variation von Spaghetti Bolognese. Es gibt unzählige Versionen davon, diese hier ist zu meinem Favoriten geworden.

Dan-Dan-Nudeln

FLEISCH
- 1 EL Pflanzenöl
- 1 Stück (5 cm) frischer Ingwer, geschält, fein gehackt
- 4 Knoblauchzehen, geschält, fein gehackt
- 100 g eingelegte Senfblätter (Seite 53), gehackt
- 250 g Schweinehackfleisch
- 1 TL Hoisin-Sauce
- 1 TL Fünf-Gewürze-Pulver
- ¼ TL Pilzpulver
- 2 EL helle Sojasauce
- 1 EL Shaoxing-Reiswein

SAUCE
- 3 EL Tahini
- 1 EL Erdnussbutter
- 2 EL Szechuanpfeffer, geröstet, gemahlen
- 1 TL schwarzer chinesischer Essig
- 200 ml Szechuan-Chiliöl (Seite 78)
- 2 EL dunkle Sojasauce
- 1 EL Rohzucker
- Meersalz nach Geschmack

- 400 g frische Udon-Nudeln
- 100 g chinesisches Blattgemüse (z. B. Pak Choy oder Choi sum)
- 1 Handvoll Erdnüsse, geröstet, gehackt
- 2 Frühlingszwiebeln, fein gehackt
- 1 EL schwarze oder weiße Sesamsamen, geröstet

Ergibt 2 Portionen

1 Für das Fleisch in einem großen Topf das Öl auf mittlerer bis hoher Stufe erhitzen. Ingwer, Knoblauch und die gehackten Senfblätter einige Minuten darin andünsten, bis alles aromatisch duftet und weich ist.
2 Das Hackfleisch dazugeben, zerbröseln und leicht kross anbräunen.
3 Hoisin-Sauce, Fünf-Gewürze-Pulver, Pilzpulver, Sojasauce und Reiswein dazugeben und alles sehr gründlich verrühren.
Noch einige Minuten köcheln lassen, bis die Flüssigkeit größtenteils verdampft ist. Warm halten.
4 Für die Sauce alle Zutaten in einer Schüssel verrühren.
5 Die Nudeln nach Packungsanleitung gar kochen. Vom Kochwasser etwa 200 ml abnehmen und so viel davon unter die Sauce rühren, bis sie eine schöne Konsistenz hat. Die Nudeln abgießen und kurz unter fließendem kaltem Wasser abschrecken.
6 Gleichzeitig in einem großen Topf reichlich Wasser zum Kochen bringen und das Blattgemüse darin 2 Minuten blanchieren. Abgießen.
7 Zum Anrichten die Sauce auf zwei Schalen verteilen, die Nudeln dazugeben und sorgfältig vermengen. Zum Schluss das Hackfleisch zusammen mit dem Blattgemüse, den Erdnüssen, Frühlingszwiebeln und Sesamsamen auf den Nudeln verteilen und leicht verrühren.

Mit Chicken Wings verbindet mich eine lange, lange Liebesgeschichte, die bis in meine Kindheitstage zurückreicht. Die hier vorgestellten Chicken Wings sind eine Art Erwachsenenversion der seinerzeitigen ausgelassenen Kindermahlzeiten. Die mit Zucker, Salz und Gewürzen angereicherte Lake der Gewürzgurken sorgt dafür, dass das Hähnchenfleisch schön saftig bleibt, und die Buttermilch-Mehl-Panade liefert eine schön krosse Kruste. Reichen Sie ordentlich Chilisauce dazu und natürlich die obligatorische Beilage aus eingelegtem Gemüse.

Eingelegte frittierte Chicken Wings

12 Hähnchenflügel (Chicken Wings)
300–500 ml gekühlte Lake von Dillgurken, abgeseiht (die Gewürze wegwerfen)
Pflanzenöl zum Frittieren
500 ml Buttermilch
300 g Weizenmehl Type 405
1 TL Meersalz
Meersalz, schwarze und weiße Sesamsamen zum Bestreuen
hausgemachte Sriracha-Sauce (Seite 86) zum Servieren

Ergibt 2–4 Portionen

1. Die Spitzen der Hähnchenflügel abschneiden und wegwerfen. Die Flügel in eine flache Schale legen und mit so viel Lake übergießen, dass die Flügel ganz bedeckt sind. Mindestens 4 Stunden oder am besten über Nacht im Kühlschrank durchziehen lassen.
2. In einer Fritteuse oder in einem großen Topf mit schwerem Boden reichlich Pflanzenöl auf 190 Grad erhitzen.
3. Die Buttermilch in eine flache Schale gießen. In einer zweiten Schale das Mehl mit dem Salz vermischen.
4. Nun die Flügel einzeln zunächst in die Buttermilch tunken und dann im Mehl wenden. Vorsichtig in das heiße Öl geben und portionsweise darin etwa 10 Minuten knusprig goldgelb frittieren.
5. Die Flügel mit einem Schaumlöffel aus dem Öl nehmen und auf Küchenpapier abtropfen lassen. Mit Meersalz und Sesamsamen bestreuen und mit Sriracha-Sauce servieren.

Hausgemachtes Fladenbrot mit Innereien und Pickles ist einfach der Hammer! Ein riesiges Dankeschön an James Lowe dafür, dass er mir sein Rezept für das Sauerteig-Fladenbrot überlassen hat.

Sauerteig-Fladenbrot mit Kreuzkümmel-Lamm und Döner-Chilis

FLADENBROT
660 g Weizenmehl Type 405
165 g Dinkelmehl
300 ml Wasser
4 TL Meersalz
125 g Sauerrahm
165 g Sauerteigstarter (siehe unten)

LAMMHERZEN
2 Lammherzen, von Fett, Knorpel und groben Sehnen befreit (vom Metzger erledigen lassen)
1 EL Kreuzkümmelsamen, geröstet, gemahlen
1 EL Szechuanpfeffer, geröstet, gemahlen
Olivenöl
Meersalz und frisch gemahlener schwarzer Pfeffer

2 EL Naturjoghurt
1 EL Zitronensaft
Meersalz und frisch gemahlener schwarzer Pfeffer
eingelegte Döner-Chilis, fein gehackt (Seite 35)
Koriandergrün, fein gehackt

Ergibt 6 Portionen

1 Für das Fladenbrot alle Zutaten für den Teig in einer großen Schüssel verrühren und 5 Minuten mit den Händen kneten. 1 Stunde gehen lassen.
2 Den Teig auf einer leicht bemehlten Fläche nochmals 15–20 Minuten kneten, dann erneut 3–4 Stunden gehen lassen; dabei stündlich durchkneten und falten, bis er eine glatte, seidige Textur hat.
3 Aus dem Teig 6 golfballgroße Kugeln formen. Mit bemehlten Händen die Kugeln jeweils flach drücken und zu einem etwa 3 mm dicken Fladen von 10 cm Durchmesser ausrollen.
4 Eine große Bratpfanne ohne Fett auf hoher Stufe erhitzen. Die Fladen einzeln darin 1 Minute backen, bis sich auf der Oberfläche Blasen bilden. Dann wenden und nochmals 1 Minute backen. In Alufolie warm halten.
5 Die Lammherzen gründlich unter kaltem Wasser abspülen und mit Küchenpapier trocken tupfen. Jedes Herz dritteln. Alle Stücke zusammen mit den gemahlenen Gewürzen und einem kräftigen Schuss Olivenöl in eine Schüssel geben. Salzen und pfeffern und gründlich vermengen.
6 Eine schwere Grillpfanne stark erhitzen und die Herzen darin rundum braun anbraten.
7 Den Joghurt mit dem Zitronensaft verrühren und mit Salz und Pfeffer abschmecken.
Zum Anrichten etwas Joghurt auf das Fladenbrot geben, mit den gebratenen Lammherzen, einem Löffel gehackter Pickles und etwas Koriandergrün belegen.

Sauerteig-Starter

200 g Mehl und 200 ml Wasser in einer großen Schüssel gründlich mischen und mit einem Küchentuch abgedeckt über Nacht an einen warmen Ort stellen. Am nächsten Tag sollte die Masse erkennbar aufgegangen sein und Blasen aufweisen. Dies ist ein Zeichen dafür, dass sich in dem Teig allmählich wilde Hefen bilden und er nun gefüttert werden kann. Den Starter 3 Tage lang mit derselben Menge von Mehl und Wasser füttern – nach etwa 5 Tagen ist er einsatzbereit.

Die Idee zu diesem Rezept entstand bei einer Reihe von Street-Food-Events, die James Lowe in London veranstaltet hatte, lange bevor er sein Restaurant eröffnet hat. »Dieses Gericht ist natürlich nicht typisch für das *Lyles's*«, sagt er, »es ist einfach ein Mix aus Dingen, die ich mag und die schnell und einfach zubereitet sind, selbst für Hunderte von Essern, wenn es sein müsste. Unreife grüne Tomaten haben eine interessante feste Textur, die sich gut zum Einlegen eignet.«

Sandwich mit grünen Tomaten, Senf und Schweinebauch

James Lowe, Lyle's, London

EINGELEGTE GRÜNE TOMATEN
5 grüne Tomaten, in ½ cm dicke Scheiben geschnitten
300 ml Apfelessig
1 TL Meersalz
150 g Rohzucker
1 EL Kreuzkümmelsamen
1 Prise gemahlene Kurkuma
1 weiße Zwiebel, in feine Ringe geschnitten
250 ml Wasser

500 g Schweinebauch, am Knochen, ohne Haut
Meersalz
5 Zweige Zitronenthymian
2 Knoblauchzehen, geschält, zerdrückt

SENF-MAYONNAISE
1 mittelgroßes Ei und 2 Eigelb
1 EL Dijonsenf
300 ml mildes Olivenöl
körniger Senf nach Geschmack
3 TL Apfelessig
Meersalz und frisch gemahlener schwarzer Pfeffer

4 Hamburger- oder Sandwichbrötchen
4 Kopfsalatblätter
50 g knusprige Schalotten (aus dem Asia-Laden)

Ergibt 4 Portionen

1 Die grünen Tomaten einen Tag im Voraus zubereiten. Dazu alle Zutaten in einem Topf mit schwerem Boden aufkochen. Die Tomaten herausnehmen und in ein sauberes Einmachglas füllen. Die Kochflüssigkeit auf 60 Grad abkühlen lassen, dann über die Tomatenscheiben gießen. Mit dem Deckel verschließen und bei Zimmertemperatur abkühlen lassen, dann in den Kühlschrank stellen. Die eingelegten Tomaten können am nächsten Tag verwendet werden, halten sich aber im Kühlschrank bis zu 1 Monat.

2 Den Backofen auf 130 Grad vorheizen. Den Schweinbauch salzen und mit Zitronenthymian und Knoblauch einreiben. In eine Auflaufform legen, 150 ml Wasser dazugießen, mit Backpapier und Alufolie zudecken und im Backofen etwa 6 Stunden garen, bis das Fleisch so zart ist, dass es vom Knochen fällt. Alle 2 Stunden prüfen und Wasser nachgießen, falls es zu trocken aussieht. Das fertig gegarte Fleisch aus dem Ofen nehmen und zum Abkühlen beiseitestellen. Den Bratensaft aufbewahren.

3 Für die Mayonnaise die Eier und Eigelbe mit dem Senf mixen. Dann tropfenweise nach und nach das Öl zugeben, bis die Mischung emulgiert und sämig wird. Etwas körnigen Senf unterrühren und mit Apfelessig, Salz und Pfeffer abschmecken.

4 Das Fleisch in 8 mm dicke Scheiben schneiden. Eine Pfanne auf mittlerer bis hoher Stufe erhitzen. Die Fleischscheiben darin von beiden Seiten schön braun anbraten, dann mit dem beiseitegestellten Fleischsaft bestreichen.

5 Die Brötchen im Ofen aufwärmen und aufschneiden. Mit Schweinefleisch, Senf-Mayonnaise, Salat und grünen Tomaten belegen, mit den Schalotten bestreuen und den Brötchendeckel auflegen.

Isaac McHale führt das Sternerestaurant *The Clove Club* in London. Isaac ist ein echt krasser Typ, und seine Partner, Johnny und Daniel, verstehen es, immer für tolle Stimmung zu sorgen und einen unglaublichen Service in entspannter Atmosphäre zu bieten. Mit seinem Rezeptbeitrag für dieses Buch hat Isaac den Nagel auf den Kopf getroffen! Am besten geeignet ist hier Flomen, das innere Bauchfett vom Schwein, das Sie auf Vorbestellung bei einem guten Metzger bekommen sollten. Und am besten ist laut Isaac ein möglichst hochwertiges Fett von alten Schweinerassen.

Räucherschmalz mit eingelegten Scotch Bonnets

Isaac McHale, The Clove Club, London

EINGELEGTE SCOTCH BONNETS
200 ml Weißweinessig
2 TL Meersalz
50 g Rohzucker
200 ml Wasser
je 2 rote, gelbe und orangefarbene Scotch-Bonnet-Chilischoten, halbiert, entkernt

RÄUCHERSCHMALZ
2 kg Schweineflomen (inneres Bauchfett vom Schwein), zerkleinert
Kirsch- oder Eichenholz zum Räuchern
Meersalz

4 Scheiben Sauerteigbrot, getoastet
75 g Sonnenblumenkerne, geröstet, zum Anrichten
Ahornsirup zum Anrichten

Ergibt 4 Portionen

1. Für die eingelegten Chilischoten den Essig in einem großen Topf mit Salz, Zucker und Wasser aufkochen.
2. Die Chilischoten in ein sauberes Einmachglas füllen und mit der heißen Essiglake übergießen, sodass sie vollständig damit bedeckt sind. Das Glas mit dem Deckel verschließen und auf Zimmertemperatur abkühlen lassen.
3. Das Fett in eine flache Schale füllen und kalt stellen.
4. Zum Räuchern ein Stück Alufolie in einen Topf legen, der groß genug ist, um die Schale mit dem Fett aufzunehmen. Die Holzspäne auf die Alufolie legen und mit einem zweiten Stück Folie abdecken. Die Räucherpfanne erhitzen. Den Boden der gekühlten Schale mit dem Fett kurz in kaltes Wasser tauchen und dann in die Räucherpfanne stellen. Den Deckel auflegen und zusätzlich mit Alufolie versiegeln, damit kein Rauch entweicht. Das Fett 5 Minuten sanft schmelzen und räuchern lassen.
5. Sobald das Fett eine Temperatur von 140 Grad erreicht hat (Küchenthermometer verwenden), den Topf vom Herd nehmen. Das Griebenschmalz, das sich auf der Oberfläche abgesetzt hat, abschöpfen und für später aufbewahren. Das übrige Fett durch ein mit einem Tuch ausgelegtes Sieb in eine Schüssel abseihen. Bei Zimmertemperatur 1 Stunde ruhen lassen.
6. Das Spülbecken mit Wasser und viel Eis füllen. Die Schale mit dem geräucherten Fett in das Eiswasser stellen und das Fett darin kontinuierlich aufschlagen, sodass es wie Schlagrahm andickt. Mit Salz würzen.
7. Die eingelegten Chilischoten in kleine Stücke schneiden und mit etwas Lake zum aufgeschlagenen Schmalz geben.
8. Zum Anrichten einen guten Löffel voll Schmalz auf eine Scheibe getoastetes Sauerteigbrot geben, mit Sonnenblumenkernen sowie nach Belieben den aufbewahrten Grieben bestreuen und mit Ahornsirup beträufeln.

REMONTE
PENTE
SIROP D'ÉRABLE
MAPLE SYRUP
Produit du Canada
Product of Canada
Produit par · Produced by
Frost Village (Quebec)
23.7 fl oz / 700 ml

Dies ist eine kreative Weiterentwicklung des mexikanischen Originals. Aber geschmacklich ist alles dabei. Die Kombination aus blauem Maismehl, rauchig-geschmortem Schweinefleisch und säuerlichen rosafarbenen Zwiebel-Pickles ist einfach köstlich. Sollten Sie kein blaues Masa Harina finden, nehmen Sie einfach normales Masa-Harina-Maismehl oder kaufen Sie fertige Maistortillas.

Chipotle-Schweinefleisch-Tacos mit Yucatán-Pickles

Olivenöl
1 große Zwiebel, grob gehackt
450 g Schweineschulter ohne Knochen, in Stücke geschnitten
4 Chipotle-Chilis in Adobo-Sauce aus der Dose, zerkleinert
2 Knoblauchzehen, geschält, zerdrückt
400 g Tomaten aus der Dose
2 Zweige frischer Oregano, fein gehackt
200 ml Bier
1 EL Honig
Salsa nach Wunsch
Yucatán-Pickles (Seite 39)
Zitronenspalten zum Servieren

BLAUE TORTILLAS
225 g blaues Masa Harina (spezielles Tortillamehl)
250 ml heißes Wasser
Meersalz

Ergibt 4–6 Portionen

1. In einem großen Topf mit schwerem Boden einen kräftigen Schuss Olivenöl erhitzen und die Zwiebel darin 10 Minuten weich dünsten.
2. Das Schweinefleisch, die Chilis, den Knoblauch, die Tomaten, Oregano, Bier und Honig dazugeben. Die Temperatur reduzieren und bei schwacher Hitze unter gelegentlichem Rühren 3–4 Stunden garen.
3. Für die Tortillas das Maismehl mit dem heißen Wasser und einer guten Prise Salz vermischen. Den Teig kneten, bis er in der Konsistenz an Knetmasse erinnert. Wenn er zu trocken ist, etwas Wasser zugeben, ist er dagegen zu feucht, etwas mehr Mehl einarbeiten. Den Teig zu einer Kugel formen und mit Frischhaltefolie abgedeckt 30 Minuten ruhen lassen.
4. Den Teig in 6 gleich große Stücke aufteilen, diese zu Kugeln formen und einzeln zwischen Backpapier legen (damit sie nach dem Ausrollen nicht kleben und sich leichter bewegen lassen). Mit einer Tortillapresse flach drücken oder zu runden Tortillas ausrollen.
5. Eine schwere Pfanne (am besten aus Gusseisen) auf mittlerer bis hoher Stufe erhitzen. Die Tortillas darin einzeln jeweils 20 Sekunden backen, bis sie sich aufblähen. Wenden und von der anderen Seite ebenfalls 5–10 Sekunden backen. Die fertigen Tortillas zum Warmhalten mit einem sauberen Geschirrtuch abdecken.
6. Zum Servieren die Tortillas mit einer kleinen Menge der Fleischmischung, Salsa und Yucatán-Pickles füllen und zum Schluss mit Limettensaft beträufeln.

ING

Magnus Reid weiß, worauf es in der hippen Restaurantszene ankommt. Wichtig ist guter Kaffee, Eiergerichte und tolle Sandwiches, serviert in einem lockeren, entspannten Ambiente. Wenn Magnus nicht in der Küche steht, dann ist er vermutlich irgendwo Pflaumen pflücken, wilde Nesseln suchen oder richtet gerade ein Catering in dem Hotel oder der Weinbar eines Freundes aus. Dieses Gericht hat er für einen Event in einem coolen Weinshop mit Bar kreiert.

Rohes Kalbfleisch mit eingelegten Weintrauben

Magnus Reid, C.R.E.A.M, London

EINGELEGTE WEINTRAUBEN

½ kg Weintrauben (ich nehme gern weiße und rote gemischt)
500 ml hochwertiger Rotweinessig
125 ml Wasser
4 EL extrafeiner Zucker

KNUSPERSCHALOTTEN

3 Schalotten, gewürfelt
Sonnenblumenöl zum Braten

KALBFLEISCH

200 g Kalbfilet (möglichst aus artgerechter Weidehaltung)
2–4 Anchovis, gehackt
1 kleine Handvoll Kerbel, gehackt (oder nach Belieben andere Kräuter)
1 Schalotte, fein gewürfelt
Olivenöl extra vergine
etwas Kerbel zum Garnieren

Ergibt 2 Portionen

1. Die Weintrauben längs halbieren. Den Essig und das Wasser in einem Topf auf kleiner Stufe erhitzen. Wenn die Flüssigkeit anfängt zu sieden, den Zucker zugeben und etwa 5 Minuten unter Rühren auflösen. Die Flüssigkeit aufkochen lassen und von der Herdplatte nehmen. In ein sauberes Einmachglas oder eine Schüssel umfüllen und lauwarm abkühlen lassen.
2. Die Trauben in die Essiglake geben, sodass sie vollständig bedeckt sind (falls nötig mit einem Teller beschweren). Mindestens 3 Stunden oder besser einige Tage durchziehen lassen.
3. Für die Knusperschalotten die Schalottenwürfel in einem sauberen Geschirrtuch trocken tupfen. Öl in einer Pfanne auf mittlerer Stufe erhitzen und die Schalotten darin unter Rühren etwa 15 Minuten goldbraun braten. Aufpassen, dass sie nicht anbrennen, sonst wird ihr Aroma zerstört. Mit einem Schaumlöffel aus der Pfanne nehmen und auf Küchenpapier abtropfen lassen.
4. Das Kalbfleisch mit einem scharfen Messer von Fett und Sehnen befreien. In möglichst gleichmäßig große, feine Würfel schneiden (etwa ½ cm groß). Zimmertemperatur annehmen lassen.
5. Die Anchovis mit dem Kerbel, den Schalottenwürfeln und einem großzügigen Schuss Olivenöl pürieren.
6. Das Anchovis-Schalotten-Dressing löffelweise unter die Fleischwürfelchen mengen, bis der gewünschte Geschmack erreicht ist. Mit Salz und Pfeffer abschmecken.
7. Das Fleisch bergartig oder ringförmig auf einem Teller anrichten. Die eingelegten Trauben etwas abtropfen lassen und darüber verteilen. Zum Schluss die Knusperschalotten darüberstreuen und mit etwas Kerbel garnieren.

Gabriel Pryce, Besitzer und Küchenchef des *Rita's* in London, lässt sich seit Jahren von den verschiedensten Küchen der Welt inspirieren und mischt diese dann kräftig auf – ob südamerikanische, hebräische, mexikanische oder italienische Küche. In der ersten Zeit nach der Eröffnung habe ich das *Rita's* mit Pickles und Kimchi beliefert, und so habe ich ihn auch um ein Rezept für dieses Buch gebeten. Gabriel bringt gern einen Hauch Mexiko auf den Tisch, hier in der der Form einer Garnelen-Tostada. Sein Kommentar dazu: »Dieses Rezept ist eine Art mexikanisches *Smörrebröd.* Im Grunde nichts Besonderes, aber mir gefällt der Klang. Es ist überhaupt kein traditionelles mexikanisches Gericht, enthält aber Garnelen, Bohnen, Tequila und Bier, Zutaten, die in vielerlei Küchen traditionell geschätzt werden.«

Tostadas mit eingelegten Garnelen und Salsa Borracha

Gabriel Pryce, Rita's, London

EINGELEGTE GARNELEN

2½ EL Meersalz
500 g kleine Garnelen mit Schale
1 l hochwertiger Weinessig (Chardonnay-, Champagner- oder Muskateller-)
1 EL Rohzucker
400 ml Wasser
2 Jalapeño-Chilis
5 Lorbeerblätter
2 EL schwarze Pfefferkörner
1 rote Zwiebel, in feine Ringe geschnitten
abgeriebene Schale von 1 unbehandelten Zitrone

SALSA BORRACHA

1 getrocknete Chipotle-Chili, 20 Minuten in heißem Wasser eingeweicht
5 reife Tomaten
3 rote Chilischoten
1 Zwiebel, in Ringe geschnitten
120 ml Bier
Olivenöl
Meersalz und frisch gemahlener schwarzer Pfeffer
1 Aubergine
Saft von 3 Limetten
2 Shots Tequila

1 Die Garnelen einen Tag im Voraus einlegen. Dazu in einem Topf Wasser mit ½ EL Salz zum Kochen bringen. Die Garnelen darin 2–3 Minuten garen, dann abgießen und in eiskaltem Wasser abschrecken. Erneut abgießen und dann die Garnelen der Länge nach am Rücken einschneiden und den Darm entfernen. Ich lasse die Köpfe dran, da sie viel Geschmack liefern, aber man kann sie genausogut abtrennen; die Garnelen schälen und nur den Schwanz daranlassen. Die Garnelen in einer Schüssel in den Kühlschrank stellen.

2 Für die Lake in einem Topf den Essig mit den restlichen 2 EL Salz, dem Zucker und dem Wasser zum Kochen bringen und so lange rühren, bis Salz und Zucker ganz aufgelöst sind. Auf Zimmertemperatur abkühlen lassen, dann abseihen.

3 Jalapeños, Lorbeerblätter, Pfefferkörner, Zwiebel und Zitronenschale zu den Garnelen geben, alles gründlich vermengen und in einen sauberen, luftdicht verschließbaren Behälter oder ein großes Einmachglas füllen. Die Lake darübergießen und den Behälter gut verschließen. Mindestens 12 Stunden oder besser über Nacht kalt stellen. Einige Stunden vor dem Verzehr aus dem Kühlschrank nehmen.

4 Für die Salsa den Backofen auf 180° Grad vorheizen. Die eingeweichte Chili abtropfen lassen und mit den Tomaten, den roten Chilischoten, der Zwiebel und dem Bier in eine große Ofenform geben. Mit reichlich Olivenöl beträufeln und mit Salz und Pfeffer würzen. 1 Stunde im Ofen garen, bis die Haut der Chilischoten und der Tomaten schwarz wird und Blasen wirft.

5 In der Zwischenzeit die Aubergine mit einer Zange direkt über die Flamme eines Gasherds oder eines Küchenbunsenbrenners halten und so oft wenden, bis die Haut rundum schwarz wird und Blasen wirft. Das dauert etwa 15 Minuten. Anschließend den Blütenansatz abschneiden und die Aubergine kurz abkühlen lassen.

BOHNEN
2 Dosen Wachtelbohnen à 400 g
Rapsöl
1 kleine weiße Zwiebel, in Ringe geschnitten
3 Knoblauchzehen, in Scheiben geschnitten
1 rote Chilischote, in Ringe geschnitten
1 EL gehackter frischer Oregano

150 ml Rapsöl
4 große Maistortillas
gehacktes Koriandergrün
2 weiße Zwiebeln, fein gewürfelt
Meersalz und frisch gemahlener schwarzer Pfeffer
Sauerrahm, mit etwas Wasser verdünnt
einige Limettenspalten zum Anrichten

Ergibt 4 Portionen

6 Die im Ofen gerösteten Tomaten mit der Aubergine im Blitzhacker zu einer gleichmäßigen Paste pürieren. Mit Salz, Limettensaft und Tequila abschmecken.

7 Die Bohnen aus den beiden Dosen getrennt abspülen und abtropfen lassen. Einen Schuss Rapsöl in einer großen Bratpfanne erhitzen und Zwiebel, Knoblauch, Chili und Oregano darin auf mittlerer Stufe etwa 10 Minuten garen, bis die Zwiebel weich ist und allmählich braun wird. Nun die Bohnen aus einer Dose dazugeben und auf mittlerer Stufe 5 Minuten mitgaren. Alles in den Blitzhacker geben und gleichmäßig pürieren. Anschließend die übrigen ganzen Bohnen untermischen.

8 Das Rapsöl in einer Pfanne erhitzen und die Maistortillas darin nacheinander kurz backen, bis sie fest, knusprig und leicht goldbraun sind. Herausnehmen und auf Küchenpapier abtropfen lassen.

9 Jeweils 1 EL der Bohnenmischung gleichmäßig auf der Tortilla verstreichen und mit den eingelegten Garnelen sowie der Salsa Borracha belegen. Mit gehacktem Koriandergrün und Zwiebelwürfeln bestreuen, mit Salz und Pfeffer würzen.
Zum Schluss mit etwas Sauerrahm beträufeln und Limettenspalten zum Auspressen dazu reichen.

M

Tacos bieten bekanntlich eine riesige Vielfalt an Geschmacksvariationen. Ich persönlich mag am liebsten Fisch-Tacos, und zwar am allerliebsten die von einer absolut einfachen Bude an der Autobahn in Los Angeles. Kurz gesagt handelt es sich bei einem »Baja Fish Taco« um in Teig ausgebackenen Fisch, serviert in weichen Maistortillas mit Krautsalat und einer cremigen, weißen, an Mayonnaise erinnernden Sauce. Ich peppe den Krautsalat gern mit Jalapeño-Pickles inklusive etwas Lake auf. Das Ganze ist bestechend schlicht, aber es schmeckt – warum also komplizierter machen als nötig?

Baja Fish Tacos mit Jalapeño-Krautsalat

EINGELEGTE JALAPEÑOS
250 ml Weißweinessig
220 g Rohzucker
¼ TL Salz
10 Jalapeños, in feine Streifen geschnitten
1 Knoblauchzehe, geschält, in feine Scheiben geschnitten

JALAPEÑO-KRAUTSALAT
5 EL eingelegte Jalapeños (siehe oben) plus 2 EL von der Lake
½ Kopf Weißkohl
1 großes Bund Koriander, fein gehackt
Meersalz

TACOS
150 g Weizenmehl Type 405
1 mittelgroßes Ei
80 ml Bier (untergäriges)
frisch gemahlener schwarzer Pfeffer
etwas Weizenmehl zum Wenden
Pflanzenöl zum Frittieren
200 g festfleischiges Fischfilet (z. B. Kabeljau), in Streifen geschnitten
Meersalz
4 EL hausgemachte Sriracha-Sauce (Seite 86)
4 EL Mayonnaise
4 weiche Maistortillas
4 Limettenspalten zum Servieren

Ergibt 2–4 Portionen

1. Für die eingelegten Jalapeños den Essig in einem Topf auf mittlerer bis hoher Stufe erhitzen. Zucker und Salz unter Rühren darin auflösen.
2. Die in Streifen geschnittenen Jalapeños und den Knoblauch in ein sauberes Einmachglas füllen. Den Essigsud vorsichtig darübergießen. Das Glas verschließen und auf Zimmertemperatur abkühlen lassen, dann im Kühlschrank 2–3 Tagen durchziehen lassen.
3. Für den Krautsalat die eingelegten Jalapeños im Blitzhacker kurz pürieren und das Püree in eine Schüssel geben.
4. Den Kohl mit einem Gemüsehobel oder mit einem scharfen Messer in feine Streifen schneiden. Zu Jalapeño-Püree in die Schüssel geben.
5. Den Essigsud und das Koriandergrün unterrühren und alles 2 Stunden ziehen lassen. Abschmecken und falls nötig mehr Lake zugeben.
6. In einer Schüssel Mehl, Ei, Bier und Pfeffer zu einem Teig verrühren. In eine flache Schale oder einen tiefen Teller etwas zusätzliches Mehl geben.
7. Das Frittieröl auf 190 Grad erhitzen. Die Fischstreifen salzen, leicht im Mehl wenden und überschüssiges Mehl abklopfen. Dann im Bierteig wenden. Vorsichtig in das heiße Öl geben und etwa 3 Minuten goldgelb frittieren. Mit einem Schaumlöffel herausnehmen und auf Küchenpapier abtropfen lassen.
8. Die Sriracha-Sauce mit der Mayonnaise mischen.
9. Die Tortillas in einer Pfanne ohne Fett erhitzen, bis sie leicht Blasen werfen. Mit einem feuchten Geschirrtuch bedeckt warm halten.
10. Zum Anrichten den Krautsalat auf die Tortillas geben, den Fisch darauf verteilen und mit der Sriracha-Mayonnaise beträufeln. Limettenspalten zum Auspressen dazu reichen.

JOHN

Die Anregung zu diesem Sandwich bekam ich durch ein besonderes Croissant, das ich in der »Milk Bar« in New York gegessen habe. Der Teig dafür war nicht mit normaler Butter, sondern mit Kimchi-Butter zubereitet, und die Füllung war auf der Basis von Blauschimmelkäse – schlichtweg eine Offenbarung! Da die Herstellung von Croissants eine Kunst für sich ist, hier meine unkomplizierte Variante in Form eines Sandwichs. Diese gegrillten Sandwiches verkaufe ich seit Jahren auf Märkten und bei Pop-up-Events, und sie kommen immer supergut an.

Gegrilltes Kimchi-Stilton-Sandwich

4 dicke Scheiben Weißbrot
weiche Butter zum Bestreichen
3 EL Sesam-Kimchi (Seite 71)
2 EL fein gehackte Frühlingszwiebeln
2 EL Blauschimmelkäse (z. B. Stilton)
2 gute Handvoll geriebener Cheddar oder anderer gut schmelzender Käse

Ergibt 2 Sandwiches

1 Alle Brotscheiben großzügig mit Butter bestreichen. 2 Brotscheiben mit der gebutterten Seite nach unten im Sandwichtoaster oder in einer großen Pfanne mit schwerem Boden auf mittlerer Stufe anbraten.

2 Nun die Brotscheiben in dieser Reihenfolge mit Kimchi, Frühlingszwiebeln, Stilton und Cheddar belegen. Die beiden übrigen Brotscheiben mit der gebutterten Seite nach oben darauflegen.

3 Im Sandwichtoaster fest zusammendrücken, sodass nichts herausfällt, und fertig toasten. In der Pfanne ein Stück Alufolie oder Backpapier auf die Sandwiches legen und mit einer zweiten Pfanne oder einer Auflaufform beschweren (damit die Sandwiches gut zusammengedrückt werden). Bei mittlerer bis schwacher Hitze braten, bis die Sandwiches auf einer Seite goldbraun sind, dann wenden und von der anderen Seite ebenso braten. Sie sind fertig, wenn der Käse geschmolzen und das Brot goldbraun ist.

GETRÄNKE

Wenn es ums Essen geht, bin ich sehr für kräftige, vielschichtige Aromen, war aber seltsamerweise noch nie ein großer Fan aufwendiger Getränke oder Cocktails. Ich bin eher der Wein-und-Bier-Typ. Andererseits gibt es natürlich ein paar Klassiker, die jedem – auch mir – gut schmecken.

Ein nach allen Regeln der Kunst hausgemachtes Ginger Beer, ein Dirty Martini, eine köstliche Bloody Mary sind nur einige Beispiele aus meinem Repertoire von geliebten Drinks – vom reinen Genussmittel bis zum gesunden Jungbrunnen.

Duke's Hotel Bar im Londoner Stadtviertel Mayfair ist dafür bekannt, den besten Martini in ganz London oder für einige sogar den besten weltweit zu servieren. Es heißt, dass sich Ian Fleming hier zu James Bonds berühmtem Ausspruch »geschüttelt, nicht gerührt« hat inspirieren lassen. Wer irgendwann einmal in London oder Umgebung ist, sollte sich das Erlebnis eines Besuchs nicht entgehen lassen. Ich mag die »Dirty-Version« des Drinks mit etwas Olivenlake. Hier verwende ich die von eingelegten Gurken statt von Oliven.

Pickletini

½ TL trockener Wermut
Eiswürfel
250 ml Wodka
2 EL Saft von eingelegten Gurken (Seite 17)
Dillgurken zum Garnieren

Ergibt 2 Gläser

1. Den Wermut in einen Shaker gießen und Eiswürfel dazugeben.
2. Den Shaker verschließen und einige Sekunden kräftig schütteln, dann die Flüssigkeit in gekühlte Martinigläser abseihen.
3. Nun den Wodka und die Gurkenlake in den Shaker geben, 30 Sekunden schütteln und in die Martinigläser abseihen. Mit Dillgurken garnieren.

Ob man seine Bloody Mary nun am liebsten als Katerfrühstück oder zum Brunch genießt, von diesem tollen klassischen Cocktail scheint jeder seine individuelle Lieblingsvariante zu haben. Hier meine Version. Sie ist würzig, süffig und süßlich-pikant und beweist mein Credo, dass es kaum etwas gibt, was nicht von ein wenig Kimchi profitieren würde.

Kimchi Bloody Mary

1 EL Sesam-Kimchi (Seite 71)
500 ml Tomatensaft
2 EL hausgemachte Sriracha-Sauce (Seite 86)
1 EL Worcestersauce
1 EL Apfelessig
1 EL Gochugaru (koreanisches Chilipulver)
Meersalz und frisch gemahlener schwarzer Pfeffer

ZUM ANRICHTEN
1 Limettenspalte
etwas Meersalz und Gochugaru gemischt
Eiswürfel
125 ml Wodka
1 Selleriestange und eingelegte Chilischoten zum Garnieren

Ergibt 2 Gläser

1 Das Sesam-Kimchi, den Tomatensaft, Sriracha-Sauce, Worcestersauce, Essig und Gochugaru-Pulver im Mixer glatt pürieren. Mit Salz und Pfeffer abschmecken. Das Nachwürzen hängt davon ab, wie intensiv das Kimchi ist. Wenn es bereits von Haus aus ziemlich salzig ist, kann eventuell auf zusätzliches Salz verzichtet werden.
2 Dies ist die Grundmischung für die Bloody Mary. Diese nun entweder abseihen und die festeren Rückstände im Sieb wegwerfen, wenn ein sehr feiner Saft bevorzugt wird, oder man genießt den drink etwas stückiger, was ich persönlich vorziehe.
3 Den Rand der Gläser mit der Limettenspalte einreiben und anschließend in die Salz-Gochugaru-Mischung tauchen.
4 Eiswürfel und Wodka in die Gläser verteilen, mit dem Tomatensaft aufgießen und mit einem Stück Selleriestange und einer eingelegten Chilischote garniert servieren.

Die niedlichen kleinen Cucamelonen sehen wie Mini-Wassermelonen aus, schmecken aber nach Gurke und Limette. Die aus Mexiko stammende Gurkendelikatesse ist dort an jeder Ecke zu finden und eignet sich hervorragend für das Einlegen.

Mexikanische Mini-Cornichons

100 g Cucumelonen (mexikanische Minigurken)
1 Knoblauchzehe, geschält
3 Zweige Estragon
60 ml Holunder- oder Weißweinessig
60 ml Apfelessig
125 ml Wasser
1 EL Meersalz
einige schwarze Pfefferkörner
1 Prise gelbe Senfkörner
½ Lorbeerblatt

Ergibt 1 Einmachglas von 300 ml

1. Die Minigurken sorgfältig waschen, die Blütenansätze mit den Fingern abknipsen. Die Minigurken in ein sauberes Glas geben.
2. Den Knoblauch in feine Scheiben schneiden und ebenfalls in das Glas geben. Die Estragonzweige darüber verteilen.
3. Die beiden Essigsorten, das Wasser, Salz, Pfefferkörner, Senfsamen und Lorbeerblatt in einem Topf zum Kochen bringen. Den heißen Essigsud über die Gurken im Glas gießen. Vollständig abkühlen lassen, dann im Kühlschrank aufbewahren. Die Gurken sind nach 3 Tagen zum Verzehr bereit und halten sich im Kühlschrank bis zu 2 Wochen.

Einige sagen, der »Pickleback« sei in Philadelphia entstanden, andere behaupten, er stamme aus Brooklyn, wo Reggie Cunningham in der Bushwick Country Club Bar die Erzeugnisse der sich noch im Aufbau befindenden Pickles-Firma McClure's lagerte. Als eine junge Frau zu ihrem Whiskey um einen Shot der sauren Lake aus einem Gurkenglas gebeten habe, probierte auch Reggie einige Gläser davon, und siehe da, seine Erkältung und sein Kater waren auskuriert und ein neuer Drink war geboren. Und so funktioniert es: Man trinkt ein kleines Glas Whiskey ex und gleich darauf einen Schuss Lake. Die Lake neutralisiert auf magische Weise den scharfen Geschmack des Alkohols.

Pickleback

Hochwertiger Whisky
selbstgemachte Pickle-Lake nach Wahl, abgeseiht
mexikanische Mini-Cornichons (siehe oben) zum Garnieren

1. Den Whisky und die abgeseihte Lake getrennt in kleine Shotgläser füllen. Die Gläser mit der Salzlake mit einer Minigurke garnieren.
2. Zuerst den Whisky in einem Zug leeren, dann die Lake trinken. Zum Abschluss die Minigurke knabbern.

Mit Wasserkefir habe ich erst vor Kurzem zum ersten Mal Bekanntschaft gemacht. Es ist ein leckeres, süß-säuerliches fermentiertes Getränk, das sich auf vielfältige Weise variieren lässt und zudem auch noch gesund für den Darm ist. Ich bin für alles, was gut schmeckt und gesund ist!

Wasserkefir mit Rhabarber und Jasmin

2 Beutel Jasmintee
160 g Rohzucker
2 Rhabarberstangen, in 2 cm große Stücke geschnitten
4 EL Rosinen
1 Zitronenscheibe
2 EL Wasserkefirkörner

Ergibt 1 Liter

1 Den Tee in einem großen sauberen Einmachglas mit 1 Liter kochendem Wasser übergießen und ziehen lassen. Den Zucker zugeben und unter Rühren auflösen. Vollständig abkühlen lassen.
2 Den Rhabarber, die Rosinen, die Zitrone und die Wasserkefirkörner zugeben.
3 Das Einmachglas mit einem Musselintuch abdecken und das Tuch mit einer Schnur fixieren. Das Glas darf nicht luftdicht mit einem Deckel verschlossen werden, da das sich bildende Kohlendioxid dann nicht entweichen kann. 24 Stunden an einem warmen Ort gären lassen.
4 Den Kefir probieren. Je länger er zieht, desto säuerlicher und bitterer schmeckt er. Nach 2–3 Tagen kann man ihn abseihen und die Früchte und Gewürze entfernen. Der Kefir hält sich im Kühlschrank bis zu 1 Woche.

FEED ME
2tsp ginger + 2tsp sugar

Hausgemachtes Ingwerbier schmeckt an einem heißen Sommertag herrlich erfrischend. Und man kann es für einen kräftigeren Drink auch wunderbar mit Whisky mischen. Es ist leicht herzustellen, braucht nur etwas Zeit – zwei Wochen, um genau zu sein. Am besten stellen Sie das Glas an einen Ort, wo Sie es im Auge haben und den Gärvorgang beobachten können. Am dritten Tag sollten die ersten Blasen zu sehen sein. Falls sich an der Oberfläche eine Schicht Ingwer absetzt, die Mischung umrühren, um Luft unter die Flüssigkeit zu mischen, da bei dieser Art der Fermentation Sauerstoff ein wichtiger Faktor ist.

Ginger Beer

375 ml Wasser
7-mal 2 TL geriebener frischer Ingwer (2 TL täglich über 7 Tage)
7-mal 2 TL Rohzucker (2 TL täglich über 7 Tage)
4 l Mineralwasser oder gefiltertes Wasser
Saft von 2 Zitronen

Ergibt 4 Liter

1. Das Wasser in ein sauberes Einmachglas mit großer Öffnung gießen. 2 TL geriebenen Ingwer und 2 TL Zucker zugeben und gut verrühren.
2. Das Einmachglas mit einem Musselintuch abdecken und dieses mit einer Schnur fixieren. Das Glas am besten in der Küche an einen Ort stellen, an dem Sie es immer im Blick haben.
3. An jedem der folgenden sechs Tage jeweils 2 TL Zucker und 2 TL Ingwer hinzugeben und gut verrühren. Das Einmachglas jedes Mal wieder abdecken und zurück an seinen Platz stellen.
4. Am siebten Tag, nach der Zugabe von Zucker und Ingwer, die Mischung durch ein Musselintuch in eine große Schüssel oder einen Eimer abseihen. So viel Flüssigkeit wie möglich aus den Rückständen ausdrücken.
5. Nun das Mineralwasser oder das gefilterte Wasser dazugießen, den Zitronensaft zugeben und alles verrühren.
6. Das Ingwerbier in saubere Kunststoffflaschen füllen, mit Musselintuch abdecken und dieses mit einer Schnur fixieren. Die Flaschen dürfen nicht mit einem Deckel verschlossen werden, da das aufsteigende Kohlendioxid dann nicht entweichen kann. Das Ingwerbier nach 2–3 Tagen probieren. Sobald es gut schmeckt und schön sprudelt, die Flaschen mit den Deckeln fest verschließen. Vor dem Verzehr 1 Woche im Kühlschrank ruhen lassen.

Missy Flynn führt ihr eigenes Restaurant, mixt Killerdrinks und liebt einfach alles, was scharf ist. Wir beide sind geradezu versessen auf mexikanische Aromen, die sie dann in die besten Drinks einfließen lässt, die ich jemals getrunken habe, zum Beispiel diesen *Tepache* – ein fermentiertes Getränk, das aus der Rinde von Früchten, traditionell aus Ananas, hergestellt wird. »Meine erste Begegnung mit *Tepache* hatte ich in Mexiko, wo er in kleinen Plastikbeuteln am Straßenrand verkauft wird«, so Missy. »Dieses unglaublich erfrischende Getränk, das durch die natürliche Fermentierung nur wenig Alkohol enthält, gibt es in Mexiko an fast jeder Ecke zu kaufen. Überhaupt zaubern die Mexikaner aus ihren heimischen Früchten, Kräutern und Gewürzen wunderbare kühlende Erfrischungen – von *Horchata* über *Agua de Jamaica* und *frutas frescas* bis hin zu *Paletas*.

Tepache

Missy Flynn, Barchefin und Eigentümerin von Rita's, London

1 große reife Ananas, gründlich gewaschen, Blattstrunk entfernt
ca. 500 g Panela (Rohrohrzucker) oder weicher hellbrauner Rohzucker
1 getrocknete Ancho-Chilischote, geröstet
1½ l gefiltertes Wasser
6 ganze schwarze Pfefferkörner
1 große Zimtstange

Ergibt 2 Liter

1 Die Rinde der Ananas vom Fruchtfleisch schneiden und in 2½ cm breite Streifen schneiden. Die Ananas vierteln, den Strunkteil in der Mitte herausschneiden und in große Stücke zerteilen. Das Fruchtfleisch essen oder anderweitig verwerten.

2 Die Rinde und den zerkleinerten Strunk mit dem Zucker in ein sauberes Einmachglas von 2 Liter Fassungsvermögen geben. Die Verwendung von Zucker sowie Ananas in etwa gleichen Mengen sorgt für einen ausgewogenen Geschmack. Alles gut vermengen, sodass die Ananas vollständig mit Zucker überzogen ist.

3 Die geröstete Chili mit dem gefilterten Wasser in einen Topf geben. Pfefferkörner und Zimt hinzugeben und etwa 3–5 Minuten zu einem lauwarmen würzigen Tee erhitzen. Die Mischung darf nicht kochen.

4 Die lauwarme Flüssigkeit mit den Gewürzen in das Einmachglas zur Ananasmischung gießen. Einmal kurz umrühren, dann das Glas mit einem Musselintuch abdecken, das Tuch mit einer Schnur fixieren und an einem warmen Ort 24 Stunden ruhen lassen. Die Fermentierung beruht auf dem Zusammenspiel von natürlichen Hefen, dem Fruchtzucker und dem Rohrzucker und kann unterschiedlich viel Zeit erfordern; nach 24 Stunden nachschauen und weißen Schaum, der sich auf der Oberfläche gebildet hat, abschöpfen. Blasen sind ein Zeichen dafür, dass die Fermentierung begonnen hat.

5 Weitere 12 Stunden fermentieren lassen oder bis an der Oberfläche Blasen deutlich zu erkennen sind (nicht länger fermentieren lassen, da sonst ein bitterer Essig entsteht). Die Mischung durch ein feines Sieb abseihen, die Rückstände im Sieb wegwerfen und die Flüssigkeit zurück in das Glas gießen. Verschließen und über Nacht bei Zimmertemperatur ruhen lassen.

6 Tepache hält sich im Kühlschrank bis zu 1 Woche. Pur genießen oder für Tepache-ilada (Seite 136) verwenden oder 2 Teile Tepache mit 1 Teil Sprudelwasser gekühlt mit Eis servieren.

RITA'S

Dieses Getränk ist Missy Flinns Variante einer *Michelada,* eines würzigen Biermischgetränks, und eine ihrer bevorzugten Verwendungsmöglichkeiten von *Tepache.* »Der *Tepache* sorgt dank der Ananas für Süße und Tiefe, und seine Würze vermag Tote zum Leben zu erwecken. Die Bläschen von Bier und Ananasgetränk perlen gemeinsam um die Wette. Wer schlau ist und dieses Getränk im Voraus zubereitet hat, übersteht jeden Kater in Nullkommanichts.« Für einen schnellen, leckeren Bier-Cocktail kann man *Tepache* auch im Voraus zubereiten und mit ein paar Flaschen Bier und einigen Limetten im Kühlschrank bereithalten.

Tepache-ilada

Missy Flynn, Barchefin und Eigentümerin von Rita's, London

Limettenspalten zum Servieren
Meersalz
1–2 EL Tepache (Seite 134)
1 EL frisch gepresster Limettensaft
scharfe mexikanische Sauce nach Wahl (eine leicht süßliche Sauce passt am besten)
1 Prise frisch zerstoßener Pfeffer
1 Spritzer Worcestersauce
Eiswürfel zum Servieren
mexikanisches Bier, hell oder dunkel (1 Flasche pro Person)
1 rote Chilischote, in Ringe geschnitten, zum Servieren

Ergibt 1 Glas

1. Den Rand eines Bierglases mit einer Limettenspalte bestreichen, dann den Rand in Salz tupfen.
2. Den Tepache, den Limettensaft, die scharfe Sauce (ich mag meine sehr scharf!), Pfeffer und Worcestersauce in das Glas geben.
3. Das Glas mit Eiswürfeln füllen und mit Bier aufgießen. Nach Belieben mit Chiliringen und einer Limettenspalte garnieren. Mixen, trinken und genießen!

Register

Onion Rings
Shrimp
NONGSHIM

Die Autorin

Freddie Janssen, ein erklärter Fan von allem, was sauer eingelegt ist, zog 2008 von Maastricht in Holland nach London. Sie ist die Gründerin von F.A.T, eines Pop-up-Cafés, Supper Clubs und Lieferanten von Pickles, Kimchi und Saucen, die samt und sonders von ihr selbst hergestellt und an Restaurants und Geschäfte in ganz London verkauft werden. Darüber hinaus betreibt sie einen Marktstand auf einem der angesagtesten Londoner Märkte, dem Druid Street Market.

Danksagung

Danke an alle, die dazu beigetragen haben, diesem Buch Gestalt zu geben, und die mich auf meiner Reise aus der Werbebranche in die Food-Welt begleitet haben.

Meinen Eltern und meiner Schwester, die mich in den vergangenen Jahren immer unterstützt haben, obwohl sie nie genau wussten, was ich eigentlich tat. Trotzdem haben sie mich meinen Weg gehen lassen und mich immer ermutigt, hart zu arbeiten und meine Sache zu einem guten Ende zu bringen.

Alice und Terence, die F.A.T mit mir gemeinsam gestartet haben und kein Problem damit hatten, mich ohne das A und das T nur mit dem F weitermachen zu lassen.

Ein großes Dankeschön an Henry und Charles dafür, dass ich unser Haus in ein verrücktes Labor mit Flaschen voller Pickles und brodelnden Einmachgläsern verwandeln durfte. Ich verspreche, der Kühlschrank gehört jetzt wieder ganz euch.

Tausend Dank an Kate und Kajal von Hardie Grant dafür, dass sie an mich geglaubt und mich gebeten haben, ein Buch zu schreiben. Und dafür, dass sie mir bei der Gestaltung dieses tollen Kochbuchs jede Menge Freiheit gelassen haben.

Danke an Milena für die besten Zeichnungen der Welt. Ich hätte mir keine pfiffigeren Illustrationen für dieses Buch denken können. Die Pool-Party-Bilder sind einfach toll.

Dank an Helen Cathcart, die die Fotos für dieses Buch gemacht hat. Sie hat es geschafft, Pickles einfach unwiderstehlich aussehen zu lassen. Das Zeugs sieht einfach klasse aus!

Claire Warner. Danke für die Gestaltung dieses tollen Buchs. Ich finde es großartig.

Danke an Kate Wanwimolruk, meine Lektorin, für all die Zeit und Mühe, die sie darauf verwendet hat, meinen Text auszuformulieren. Ich weiß das wirklich zu schätzen.

Suzanne, meiner liebsten und ältesten Freundin, dafür, dass sie mich während der fünfzehn Jahre, die wir uns nun kennen, immer enorm unterstützt und inspiriert hat, mein Bestes zu geben, hart zu arbeiten und glücklich zu bleiben. Du bist die Beste.

Danke an Crane Cookware für die Töpfe – sie sind fantastisch.

James und John. James dafür, dass er mir geholfen hat, den Schritt in die Gastronomie zu wagen und mich professionell damit auseinanderzusetzen. John dafür, dass er der beste Boss aller Zeiten ist und mir viel zu viele freie Tage gegeben hat, um dieses Buch zu schreiben.

Taahir, der mir geholfen hat, nicht blöd zu klingen :-).

Und danke an alle, die Rezepte beigesteuert haben: Missy Flynn, Gabriel Pryce, James Lowe, Magnus Reid und Isaac McHale.

Die Originalausgabe dieses Buches ist unter dem Titel »Pickled« 2016 bei Hardie Grant Books, London, erschienen.

Aus dem Englischen übersetzt von Claudia Theis-Passaro und Annegret Hunke-Wormser.

Fotos: Helen Cathcart, Seite 142: Issy Croker,
Seite 120: Victor Frankowski
Illustrationen: Melina Bucholz
Umschlag und Layout: Claire Warner Studio
Satz: Claudia Neuenschwander, Atelier werkk., Zürich
Printed and bound in China

ISBN 978-3-03800-947-4

www.at-verlag.ch